Bayer/Schmidt

Die juristische Dissertation

Die juristische Dissertation

von

Dr. Daria Bayer
Postdoktorandin
an der Goethe-Universität Frankfurt am Main

und

Dr. Jan-Robert Schmidt
Referatsleiter
an der Finanzbehörde Hamburg

2023

C.H.BECK

www.beck.de

ISBN 978 3 80990 3

Wilhelmstraße 9, 80801 München
Druck: Beltz Grafische Betriebe GmbH,
Am F iegerhorst 8, 99947 Bad Langensalza

Satz: DTP-Vorlagen des Autors
Umschlaggestaltung: Druckerei C.H.Beck Nördlingen

chbeck.de/nachhaltig

Gedruckt auf säurefreiem, alterungsbeständigem Papier
(hergestellt aus chlorfrei gebleichtem Zellstoff)

Danksagung

Zunächst möchten wir uns bei allen Universitäten bedanken, die die diesem Ratgeber zugrundeliegende *Promovierenden-Umfrage* weitergeleitet haben, namentlich: Freie Universität Berlin, Universität Bielefeld, Rheinische-Friedrich-Wilhelms Universität Bonn, Albert-Ludwigs-Universität Freiburg, Justus-Liebig-Universität Gießen, Universität Greifswald, Universität Hamburg, Fernuniversität Hagen, Christian-Albrechts-Universität Kiel, Universität Konstanz, Universität Leipzig, Universität Mannheim, Ludwig-Maximilians-Universität München, Universität Potsdam, Eberhard-Karls-Universität Tübingen, Universität Trier.

Zudem möchten wir uns bei den Justizministerien/-behörden der Länder: Baden-Württemberg, Bayern, Berlin, Hessen, Niedersachen, Nordrhein-Westfalen und Sachsen für die Weiterleitung der diesem Ratgeber ebenfalls zugrundeliegenden *Promovierten-Umfrage* bedanken.

Gleicher Dank gilt unter anderem den Kanzleien Allen & Overy LLP und Kapellmann und Partner Rechtsanwälte.

Bedanken möchten wir uns auch bei unseren Kolleginnen, die sich die Zeit genommen haben, sich von uns über ihre persönlichen Erfahrungen interviewen zu lassen.

Schließlich bedanken wir uns herzlich bei Dr. Klaus Winkler vom Verlag C.H.BECK, der uns bei diesem Projekt unterstützt hat, sowie bei allen, die sich die Zeit genommen haben, an den Umfragen teilzunehmen und/oder uns eine persönliche Mail mit ihren Gedanken und Erfahrungen zu schreiben.

Wir freuen uns über weitere Gedanken und Anregungen an

juristischedissertation@gmail.com.

Hamburg/Berlin, März 2023 *Daria Bayer & Jan-Robert Schmidt*

Inhaltsverzeichnis

Literaturverzeichnis

Bayer, Daria/Schmidt, Jan-Robert: Warum promovieren?, Beck'scher Referendariatsführer 2023/2024, S. 3–5.

Fiedler, Werner/Hebecker, Eike: Promotionskrisen und ihre Bewältigung. In C. Koepernik, J. Moes & S. Tiefel (Hrsg.), GEW-Handbuch Promovieren mit Perspektive: Ein Ratgeber von und für DoktorandInnen, S. 281–293.

JuS-Magazin 01–02/2009 S. 5 ff., Promotionskrisen und Ihre Bewältigung

Oğlakcıoğlu, Mustafa Temmuz, Tragödie des Rechts (Bayer), Rechtswissenschaft (RW), 2021, S. 520 ff.

Pünder, Hermann: Zum Weg in die „Zunft" der Staatsrechtslehre – Erfahrungen, Beobachtungen, Einordnungen, in: Cancik/Kley/Schulze-Fielitz/Waldhoff/ Wiederin (Hrsg.), Streitsache Staat – Die Vereinigung der Deutschen Staatsrechtslehrer 1922–2022, Mohr Siebeck, 2022, S. 995–1031.

Schneider, Martin: Leistungssteuerung und Karriereanreize für „professionals": Ein Vergleich deutscher und amerikanischer Berufsrichter, IAAEG No. 2002/03.

Schwabe, *Jürgen*: Grundkurs Staatsrecht, de Gruyter, 1983

Waldhoff, Christian: Kritik und Lob der Dogmatik: Rechtsdogmatik im Spannungsfeld von Gesetzesbindung und Funktionsbeschreibung, in Kirchhof, Magen, Schneider: Was weiß Dogmatik, S. 17–38.

Windel, Peter: Ist das rechtsdogmatische Zeitalter vorbei? AnwBl. Online 2019, 447

Internetquellen

Academics: Die Doktorarbeit publizieren: Vorgehensweise, Möglichkeiten und Kosten, https://www.academics.de/ratgeber/dissertation-veroeffentlichen#subnav_doktorarbeit_publizieren_im_selbstverlag_copy-druck (zuletzt geprüft 27.02.2023)

Osel, Johann: Karriere schlägt Doktorhut, SZ-Online, https://www.sueddeutsche.de/bildung/abbruchquote-bei-promotionen-karriere-schlaegt-doktorhut-1.1732141 (zuletzt geprüft 27.02.2023)

Zeit-Online: Arbeitsbedingungen in der Forschung – Hast du Machtmissbrauch erlebt?, https://www.zeit.de/campus/2022-08/arbeitsbedingungen-forschung-uni-machtmissbrauch-aufruf (zuletzt geprüft 27.02.2023)

Dietrich, Pauline: Verhindert eine Psychotherapie die Verbeamtung, LTO, https://www.lto.de/karriere/jura-studium/stories/detail/verhindert-psychotherapie-verbeamtung-jurastudium-referendariat-staatsdienst (zuletzt geprüft 27.02.2023)

Eberle, Lukas/Löffler, Juliane: Hat der Wissenschaftsbetrieb ein #MeToo-Problem, Spiegel-Online, https://www.spiegel.de/panorama/bildung/uni-koeln-belaestigungsvorwuerfe-professor-in-unterhosen-a-2bdb1cd7-f9b1-

4e97-994f-40f076ee3974?sara_ecid=soci_upd_KsBF0AFjflf0DZCxpPYDCQgO1dEMph (zuletzt geprüft 27.02.2023)

Kring, Franziska: Interview mit Professor Matthias Jahn, LTO, https://www.lto.de/karriere/jura-studium/stories/detail/interview-matthias-jahn-jura-tipps-dissertation-promotion-wissenschaftliches-arbeiten, (zuletzt geprüft 27.02.2023)

Osel, Johann: Karriere schlägt Doktorhut, SZ-Online, https://www.sueddeutsche.de/bildung/abbruchquote-bei-promotionen-karriere-schlaegt-doktorhut-1.1732141 (zuletzt geprüft 27.02.2023)

Zeit-Online: Arbeitsbedingungen in der Forschung – Hast du Machtmissbrauch erlebt?, https://www.zeit.de/campus/2022-08/arbeitsbedingungen-forschung-uni-machtmissbrauch-aufruf (zuletzt geprüft 27.02.2023)

Einführung

Liebe Leser:innen, 1

Achtung: Dieses Buch ist kein dogmatischer Ratgeber. Es wird euch nicht erklären, welche Methodiken anzuwenden sind, damit eine Dissertation gelingt. Es wird euch auch kein Thema vorgeben und keinen Leitfaden, wie ihr eure Dissertation zu verfassen habt. Das Buch ersetzt auch nicht die wertvollen Hinweise der eigenen Betreuungsperson und den Austausch mit anderen Doktorand:innen.

Was kann dieses Buch dann? 2

Nun, es kann nicht mehr und nicht weniger als Fragen zu beantworten, die wir, *Jan* und *Daria*, die Autor:innen dieses Ratgebers, uns selbst bei der Abfassung unserer Dissertationen gestellt haben. Eine Vielzahl von Gesprächen und Diskussionen mit anderen Doktorand:innen hat uns gezeigt, dass dies Fragen sind, die sich die meisten Promovierenden zu einem bestimmten Zeitpunkt während ihres Promotionsprozesses stellen. Fragen wie „ist es besser, nach dem ersten oder nach dem zweiten Examen zu promovieren?“, „was sind die Vorteile eines Zitierprogramms“, „soll ich meine Dissertation gendern?“ oder „wie finde ich einen Verlag?“. Wir werden probieren, die Fragen möglichst chronologisch in der Reihenfolge darzustellen, in der sie sich in einem „durchschnittlichen“ Promotionsprozess stellen – was nicht bedeutet, dass wir uns diese Fragen auch genau in dieser Reihenfolge gestellt haben. Denn zu unserer Zeit gab es einen solchen, erfahrungsorientierten Ratgeber ja noch nicht.

Zudem kann das Buch – so hoffen wir – Lust darauf machen, eine juristische Promotion zu verfassen. Wir möchten euch, liebe Leser:innen, mit diesem Buch ermutigen. Wir beide haben die Promotionszeit mit all ihren Höhen und Tiefen als eine sehr bereichernde Lebensphase empfunden. Insbesondere haben wir uns durch die Promotion erst kennengelernt, woraus eine produktive Zusammenarbeit entstanden ist. Denn auch wenn Promovieren einsam ist, kann promovieren verbinden und einen dazu bringen, über die eigene Perspektive hinauszudenken. Dieses Gefühl möchten wir mit diesem Ratgeber an euch weitergeben. 3

Bei der Konzeption dieses Buches haben wir deshalb versucht, uns an den Wünschen derjenigen zu orientieren, die am Beginn ihres Promotionsprozesses oder mitten drinstehen. Das Buch soll euch als Unterstützung in allen Stadien eures individuellen Promotionsvorhabens dienen. Da wir erlebt haben, dass Inspiration und Motivation aus der Erfahrung anderer gezogen werden kann, werden wir, *Jan* und *Daria,* immer wieder unsere eigenen Erfahrungen einfließen lassen.

Darüber hinaus haben wir *zwei Umfragen* durchgeführt: Die *eine Umfrage* hat sich *an aktuell Promovierende* der Rechtswissenschaft in ganz Deutschland gerichtet. Hieran haben sich *über 300 Promovierende* von mehr als 15 juristischen Fakultäten beteiligt. Die *zweite Umfrage* hat sich *an Personen* gerichtet, *die ihre rechtswissenschaftliche Promotion bereits erfolgreich hinter sich gebracht haben.* Hieran haben sich über *600 Richter:innen, Staatsanwält:innen, Unternehmensjurist:innen, Anwält:innen und Wissenschaftler:innen* in ganz Deutschland beteiligt. Auch die aus diesen beiden Umfragen gewonnen Erkenntnisse werden wir immer wieder in den Text einfließen lassen. Am Ende des Buches findet ihr zudem ein motivierendes „best of" von aus den Umfragen gewonnenen Tipps und Tricks. Im Anhang findet ihr die für die beiden Umfragen erstellten Fragekataloge sowie die statistische Auswertung der Ergebnisse.

5 Wir wünschen euch viel Spaß mit diesem Buch – und auch beim Schreiben eures eigenen Buchs!

Kapitel 1. Vor Beginn der Dissertation

A. Warum promovieren?

Quellen: *Bayer, Daria/Schmidt, Jan-Robert:* Warum promovieren?, Beck'scher Referendariatsführer 2023/2024, S. 3–5; *Eberle, Lukas/Löffler, Juliane*: Hat der Wissenschaftsbetrieb ein #MeToo-Problem, Spiegel-Online, https:// www.spiegel.de/panorama/bildung/uni-koeln-belaestigungsvorwuerfe-professor-in-unterhosen-a-2bdb1cd7-f9b1-4e97-994f-40f076ee3974?sara_ecid=soci_upd_KsBF0AFjflf0DZCxpPYDCQgO1dE Mph; *Kring, Franziska:* Interview mit Professor Matthias Jahn, LTO, https://www.lto.de/karriere/jura-studium/sto ries/detail/interview-matthias-jahn-jura-tipps-dissertation-promotion-wissenschaftliches-arbeiten; *Osel, Johann:* Karriere schlägt Doktorhut, SZ-Online, https://www. sueddeutsche.de/bildung/abbruchquote-bei-promotionen-karriere-schlaegt-doktorhut-1.1732141; *Schneider, Martin*: Leistungssteuerung und Karriereanreize für „professionals“: Ein Vergleich deutscher und amerikanischer Berufsrichter, IAAEG No. 2002/03; *Waldhoff, Christian:* Kritik und Lob der Dogmatik: Rechtsdogmatik im Spannungsfeld von Gesetzesbindung und Funktionsbeschreibung, in Kirchhof, Magen, Schneider: Was weiß Dogmatik, S. 17–38; *Windel, Peter:* Ist das rechtsdogmatische Zeitalter vorbei? AnwBl. Online 2019, 447; *Zeit-Online:* Arbeitsbedingungen in der Forschung – Hast du Machtmissbrauch erlebt?, https://www.zeit.de/campus/2022-08/arbeitsbedingungen-forschung-uni-machtmissbrauch-aufruf.

Warum promovieren? Diese Frage steht am Anfang jeder Entschei- **6**
dung für (oder vielleicht auch gegen) eine Dissertation. Sie ist alles andere als trivial. Denn egal ob nach dem ersten oder zweiten Staatsexamen, berufsbegleitend oder in Vollzeit, eine Promotion bringt die Verpflichtung mit sich, erhebliche zeitliche und persönliche Ressourcen zu investieren. Zu den Abbruchquoten bei juristischen Dissertationen gibt es zwar keine verlässlichen Zahlen, da viele Dissertationen begonnen und auch abgebrochen werden, bevor sie überhaupt bei einer Universität angemeldet werden (zum Anmeldezeitpunkt der Dissertation s. Rn. 111 Fn. 43). Dennoch kann man davon ausgehen, dass über 20% der Promotionsverfahren nicht mit einem Titel beendet werden.[1] Zudem gibt es viele Promotionsverfahren, die zwar nicht offiziell abgebrochen worden sind, aber an denen über einen längeren Zeitraum hinweg nicht mehr aktiv kontinuierlich gearbeitet worden ist. Von

---

[1] *Osel, Johann:* Karriere schlägt Doktorhut, SZ-Online, https://www.sueddeutsche.de/bildung/abbruchquote-bei-promotionen-karriere-schlaegt-doktorhut-1.1732141.

einigen Professor:innen haben wir die Einschätzung gehört, dass sie ein „ruhendes" Promotionsverfahren nach zehn Jahren als gescheitert ansehen.

I. Motivationslagen

7 Eine Promotion sollte daher mit Bedacht vor dem Hintergrund der zu erwartenden Herausforderungen und einer realistischen Einschätzung der eigenen Persönlichkeit angegangen werden. Dies bedeutet jedoch nicht, dass es nur sinnvoll ist zu promovieren, wenn ihr von Vornherein eine wissenschaftliche Karriere anstrebt. Im Gegenteil: Es gibt, wie wir sogleich zeigen werden, viele verschiedene Gründe, sich für eine Promotion zu entscheiden. Und teilweise kann sich gerade aus einer aus anderen Gründen angefangenen Promotion auch eine Begeisterung für die wissenschaftliche Arbeit ergeben und ggf. sogar der Wunsch, eine wissenschaftliche Karriere anzustreben. Allerdings sollte man sich darüber bewusst sein, dass, wenn man eine Promotion *ausschließlich* zu nicht-wissenschaftlichen Karrierezwecken anstrebt, es unter Umständen schwerer sein kann, sich für das Beenden der Promotion zu motivieren – gerade wenn währenddessen lukrative Karriereangebote locken. Dann empfindet man es wiederum vielleicht auch als weniger schlimm, die Promotion abzubrechen.[2] Trotzdem ist es unsere Erfahrung, dass ein einmal begonnenes Promotionsprojekt – egal, ob man es beendet oder nicht – einen für den Rest des Lebens begleitet, und eine nicht abgeschlossene Promotion (abhängig vom Stadium des Promotionsprojektes) einen noch über viele Jahre „verfolgen" kann.

8 Da die universitäre Ausbildung immer mehr von der Vorbereitung auf das Staatsexamen geprägt ist, nimmt wissenschaftliches Arbeiten einen geringen Teil des juristischen Studiums ein. Eine erste Annäherung an das wissenschaftliche Arbeiten findet in Seminaren und der Examensseminararbeit statt. Hierdurch kann ein erstes Interesse an wissenschaftlichem Arbeiten geweckt werden. Allerdings werden (Examens-)Seminararbeiten innerhalb eines relativ kurzen Zeitraums angefertigt. Ob ihr auch zum längerfristigen wissenschaftlichen Arbeiten geeignet seid, erfahrt ihr daher häufig erst im Rahmen der Promotion – wobei gute Leistungen in Seminararbeiten teilweise formelle Voraussetzung der Fakultät (s. Promotionsordnungen, hierzu Rn. 23) oder informelle Anforderungen einer Betreuungsperson sind, um ein Promotionsprojekt zu betreuen (s. Website von einigen Lehrstühlen).

---

[2] *Osel, Johann:* Karriere schlägt Doktorhut, SZ-Online, https://www.sueddeutsche.de/bildung/abbruchquote-bei-promotionen-karriere-schlaegt-doktorhut-1.1732141.

Die für dieses Buch *befragten Promovierenden* gaben ganz unterschiedliche Antworten auf die Frage nach ihrer Hauptmotivation: *Fast die Hälfte* der Promovierenden gab an, aus Erkenntnisinteresse mit der Arbeit begonnen zu haben. *Ein Viertel* wollte vor allen Dingen gerne den Titel führen. *Nur ca. 10%* gaben an, dass sie später eine wissenschaftliche Karriere anstreben wollten. Ein sehr ähnliches Bild ergab die *Promovierten-Umfrage.* Eine wissenschaftliche Karriere anzustreben scheint somit keinesfalls eine zwingende Voraussetzung für eine juristische Promotion zu sein. **9**

Motivationslagen sind jedoch ohnehin in den seltensten Fällen monokausal. Natürlich kann man hauptsächlich wegen des Titels promovieren, aber gleichzeitig ein hohes Maß an Neugier für das eigene Themengebiet aufbringen, genauso wie man ein Jurastudium beginnen kann, weil man viel Geld verdienen möchte, aber sich auch gleichzeitig gerne mit juristischen Fragestellungen auseinandersetzt. **10**

Wichtig ist jedoch, sich von vornherein bewusst zu machen, aus welchen Gründen die Promotion begonnen wird und sich zu fragen, ob diese Gründe ausreichend tragfähig sind, um auch über einen längeren Zeitraum eine nachhaltige Motivation zu bieten. Denn – und auch das haben die beiden Umfragen gezeigt – die Hauptmotivation scheint sich im Laufe der Arbeit selten grundsätzlich zu verändern. So gaben *82% der Promovierenden* und *84% der Promovierten* an, dass sich ihre Hauptmotivation im Verlauf der Arbeit nicht verändert habe. **11**

Verändert sich die Hauptmotivation während der Promotionszeit doch, so kann dies sowohl von einem reinen Titelführungsinteresse zugunsten eines wissenschaftlichen Interesses oder andersherum von einem wissenschaftlichen Interesse hin zu einem reinen Titelführungsinteresse hin passieren. Dies spricht dafür, dass bei einer Promotion oft beide Motivationen (Interesse und Status) Hand in Hand gehen. **12**

Hier einige Stimmen aus den *beiden Umfragen*:

„Ich wollte am Anfang den Titel benutzen. Jetzt will ich Professor werden.“

„Mittlerweile will ich später nur noch den Titel führen.“

„Nach etwa einem Jahr Promotionszeit wollte ich in den Beruf einsteigen. Mich hat gereizt wesentlich mehr Geld zu verdienen und Verantwortung zu tragen. Die Atmosphäre an der Uni (wenig Verantwortung; viel hochtrabendes dogmatisches Gerede ohne Bezug zur Wirklichkeit und ohne Erkenntnisgewinn) hat mich mehr und mehr abgestoßen. Ab diesem Zeitpunkt bestand meine Motivation im Wesentlichen nur darin, die Dissertation in möglichst kurzer Zeit irgendwie abzuschließen.“

„Ich wollte ursprünglich den Titel schnell für eine Tätigkeit in einer Großkanzlei erwerben. Mir hat dann die wissenschaftliche Arbeit am Lehrstuhl so viel Freude bereitet, dass ich eine wissenschaftliche Laufbahn eingeschlagen habe."

Und hier unsere individuellen Erfahrungen:

Jan: *Meine persönliche Motivationslage vor Beginn meiner Dissertation war durchaus ambivalent. Nach meinem ersten Staatsexamen hatte ich vor allen Dingen Lust, endlich selbstbestimmt zu arbeiten und mehr Freiheiten zu genießen. Das Angebot einer Promotion mit damit verbundener Lehrstuhltätigkeit schien vor diesem Hintergrund genau richtig zu sein. Eine wissenschaftliche Karriere traute ich mir zu diesem Zeitpunkt weder zu noch strebte ich sie aktiv an. Erst im Verlauf der Arbeit entwickelte sich bei mir die Erkenntnis, dass mir wissenschaftliches Arbeiten Freude bereitet und ich mir eine dahingehende Karriere vorstellen konnte.*

Daria: *Für mich stand das Projekt selbst im Vordergrund. Die Anbindung an die Universität erschien mir als eine gute Möglichkeit, dieses Projekt zu realisieren. Die Lehrstuhlstelle hatte für mich gegenüber einer externen Promotion mit Stipendium den Vorteil, mich gesetzlich krankenversichern zu können. Gleichzeitig erhoffte ich mir einen engeren fachlichen Austausch. An eine wissenschaftliche Karriere hatte ich bis zu diesem Zeitpunkt nicht gedacht, auch wenn mir wissenschaftliches Arbeiten immer Freude bereitet hatte. Erst nach Abschluss der Dissertation hat sich der Gedanke einer wissenschaftlichen Karriere verfestigt, weil die Universität generell ein gutes Umfeld bietet, um Projekte, die mir am Herzen liegen, zu realisieren.*

II. Was bringt der Titel?

13 Wie bereits festgestellt, bestand für einen Großteil der in unseren *Umfragen Befragten* zumindest zu Beginn ihrer Promotionszeit die Hauptmotivation nicht darin, eine wissenschaftliche Karriere anzustreben. Wenn die Promotion jedoch nicht als Qualifikation auf dem Weg zu einer Universitätslaufbahn genutzt wird, welche beruflichen Vorteile kann das Abfassen einer Dissertation im juristischen Bereich haben?

14 Wichtig ist bei dieser Frage vorab darauf hinzuweisen, dass es in diesem Bereich keine empirische Forschung gibt und diese auch nur schwer leistbar wäre. Welche Bedeutung ein Titel für das berufliche Weiterkommen jenseits einer akademischen Karriere hat hängt vom Einzelfall ab. Es gibt jedoch einige verobjektivierbare Faktoren, an denen wir uns orientieren können.

Im Rahmen der *Promovierten-Umfrage* fragten wir die Teilnehmenden, ob sie das Gefühl hätten, berufliche Vorteile durch Ihren Titel zu erlangen. Dies wurde von *ca. 40%* mit „ja" beantwortet und von *ca. 60%* mit „nein". Diejenigen, die mit „ja" antworteten, nannten vor allen Dingen „softe" Faktoren, wie mehr Anerkennung, Respekt und Ansehen (s. Rn. 20). Die Umfrage legt jedoch nicht die Schlussfolgerung nahe, dass ein Titel in der juristischen Praxis berufliche Vorteile mit sich bringt. Inwiefern ein Doktortitel für die berufliche Tätigkeit tatsächlich von Relevanz ist, hängt deshalb entscheidend von dem gewählten Feld ab:

1. In der Anwaltschaft

Im anwaltlichen Bereich ist hier zwischen kleineren- und mittelständischen Kanzleien und Großkanzleien zu differenzieren. **15**

In kleineren und mittelständischen Kanzleien, wo direkter Mandant:innenkontakt (vorwiegend mit inländischen Mandant:innen) gepflegt wird, kann der Doktortitel eine Hilfe sein, um als „seriös" und „gut ausgebildet" wahrgenommen zu werden. In Teilen Deutschlands herrscht teilweise noch immer die Annahme vor, dass Anwält:innen automatisch auch „Doktor:innen" sind, weil juristisches Arbeiten vergeistigte Arbeit ist. Es gibt auch Anwaltskanzleien, die akademisches Arbeiten als Teil ihrer Identität begreifen und bei denen alle Berufsträger:innen einen Doktortitel haben müssen oder zumindest unter der Prämisse eingestellt werden, einen solchen neben der Arbeit zu erwerben.[3] Dies stellt heutzutage jedoch eine Ausnahme dar. **15a**

Generell lässt sich wohl feststellen, dass, gerade im Zuge der fortschreitenden Internationalisierung des deutschen akademischen Arbeitsmarktes, formelle Titel in vielen Bereichen (Start-Ups, Legal Tech etc.) an Bedeutung verlieren, zumal das anglo-amerikanische Äquivalent zu einer Doktorarbeit, der PhD, unter Personen, die nicht in der Wissenschaft tätig sind, relativ wenig verbreitet ist. Man muss sich immer vor Augen führen, dass einen Doktortitel außerhalb des akademischen Raums zu besitzen in Deutschland nur in Fächern wie Medizin und Jura bedeutsam und in anderen Ländern eher unüblich ist. Daher gilt: Je Internationaler das Umfeld, desto unwichtiger ist dieses deutsche Spezifikum.

Bei (internationalen) Großkanzleien sieht die Lage daher auch etwas anders aus. Hier kann ein Doktortitel vor allen Dingen für die Einstellung Bedeutung gewinnen, wenn eine der Examensnoten nicht den **15b**

---

[3] Zu nennen wäre hier beispielsweise die Kanzlei Kapellmann Rechtsanwälte (https://www.kapellmann.de/de/karriere/ihr-profil (zuletzt geprüft 28.02.2023).

Anforderungen genügt. Der Doktortitel kann insofern gewissermaßen einen Ausgleich schaffen (sog. *„2 out of 4“*-Regel: die Bewerber:innen müssen zwei der vier Qualifikationen „Vollbefriedigend“ im ersten Staatsexamen, „Vollbefriedigend“ im zweiten Staatsexamen, LL.M. oder Promotion besitzen). Dies gilt jedoch auch für andere Qualifikationen, wie einen LL.M., gute Stationszeugnisse oder vorangegangene Mitarbeit in der Kanzlei. Eine überragende Rolle spielen letztendlich wohl die Noten des ersten und zweiten Staatsexamens. Dagegen kann ein Doktortitel für das Einstiegsgehalt eine gewisse Rolle spielen. Inwiefern ein Doktortitel für eine spätere Partnerschaft Voraussetzung ist, lässt sich nur schwer ermessen. Bei den fünf umsatzstärksten Kanzleien Deutschlands[4] haben 23% der Partner:innen keinen Doktortitel.[5] Allerdings gab es zwischen den einzelnen Kanzleien verhältnismäßig große Diskrepanzen. So waren bei den Kanzleien Freshfields Bruckhaus Deringer und Hengeler Müller lediglich ca. 9% der Partner:innen ohne Doktortitel, wohingegen es bei der Kanzlei Noerr ca. 29% sind. Vor dem Hintergrund dieser Zahlen scheint ein Doktortitel für eine Karriere in einer Großkanzlei jedenfalls nicht zwingend notwendig. Es lässt sich somit festhalten, dass zwischen der Karriere in einer großen Kanzlei und der Führung eines Titels zwar eine gewisse Korrelation besteht, nicht jedoch eine zwingende Kausalität.

2. Im öffentlichen Dienst

16 Bei Gericht, Staatsanwaltschaft und in der Verwaltung finden sich diverse promovierte Jurist:innen. Auch hier stellt sich die Frage, inwiefern ein solcher Titel für die Karriere von Vorteil ist.

17 Bei der Einstellung als Richter:in, gilt – wie vielfach in der Kanzleiwelt –, dass eine Promotion, wie andere Zusatzqualifikationen auch, eine Examensnote, die kein „Vollbefriedigend“ ist, ausgleichen kann.[6]

18 In einer wissenschaftlichen Studie aus dem Jahr 2003 wurde zudem festgestellt, dass eine Besetzung mit einem hohen Anteil an promovier-

---

[4] Es handelt sich hierbei um die Kanzleien Freshfields Bruckhaus Deringer, CMS Hasche-Sigle, Hengeler Müller, Hogan Lovells und Noerr. S. Statistik der Top 50 Anwaltskanzleien in Deutschland nach Umsatz 2019/2020 (https://de.statista.com/statistik/daten/studie/172574/umfrage/anwaltskanzleien-in-deutschland-nach-umsatz/ (zuletzt geprüft 28.02.2023).

[5] Die Zahl beruht auf den Angaben der Kanzleien auf ihren jeweiligen Webseiten (Stand Oktober 2022). Da dies nicht immer einzeln ausgewiesen wurde, wurde nicht zwischen Salary Partnern und Associated Partnern unterschieden.

[6] So wird die Promotion beispielsweise als Ausgleichskriterium auf der Seite der Hamburger Justiz explizit erwähnt. S. https://justiz.hamburg.de/richtereinstellungen/ (zuletzt geprüft 28.02.2023).

ten Richter:innen Gerichte produktiver mache.[7] Mehrfach gaben *von uns befragte Richter:innen* an, dass ihrer Erfahrung nach die *Kolleg:innen mit Doktortitel eine höhere Vergleichsquote erzielen würden.* Dies lässt sich freilich ohne eine entsprechende Studie nicht empirisch nachweisen, jedoch spricht einiges dafür, dass ein Doktortitel dem:der Richter:in in den Augen der Parteien des Verfahrens eine besondere Form von Kredibilität verleiht, die sich auch positiv auf eine frühzeitige Verfahrensbeendigung auswirken kann.

Hervorzuheben ist in diesem Zusammenhang zudem, dass vor allem **18a**
von Richterinnen im Rahmen der *Promovierten-Umfrage* für dieses Buch gleich mehrfach geäußert wurde, dass ihnen ein *Doktortitel dabei helfe,* bei Verhandlungen – aber auch innerhalb der gerichtlichen Arbeitsstrukturen – *als Autoritätsperson ernst genommen zu werden*:

„Als Frau ermöglicht mir der Titel beim Landgericht einen gewissen Autoritätsvorsprung."

„Als junge Frau habe ich das Gefühl, von älteren Kollegen durch den Titel mehr ernst genommen zu werden."

„Gerade als Frau in einem männerdominierten Umfeld (Anwaltschaft sehr männlich) verschafft einem der Titel auf den ersten Blick einen gewissen Respekt. Die Parteien haben das Gefühl, jemand Kompetentes vor sich zu haben. Jedenfalls habe ich die Erfahrung gemacht, dass Anwälte und Parteien mit viel Respekt auf den Titel reagieren."

In Bezug auf die Vorteile einer Promotion in der Verwaltung liegen **19**
uns aufgrund der Vielgestaltigkeit der Verwaltungstätigkeit keine verlässlichen Angaben vor. Allerdings kann *Jan* aus seiner eigenen Erfahrung bei der Freien Hansestadt Hamburg berichten:

Jan: *In der Verwaltung ist nach meiner Erfahrung die Bedeutung eines Doktortitels zumindest formell größer als in einer Großkanzlei. Der Titel spielt hier jedoch eher im Innenverhältnis eine Rolle. Der typische Einstieg eines Volljuristen in die Verwaltung bietet die Beamtenlaufbahn im höheren Dienst. Je nach Stellenzuschnitt ist diese früher oder später mit Führungsverantwortung verbunden. Die öffentlich-rechtliche Verwaltung ist zumeist klassisch hierarchisch aufgebaut. Ein Doktortitel kann dabei eine gewisse Autorität verleihen. Während ich bei meiner Arbeit in einer Großkanzlei seltenst mit meinem Doktortitel angesprochen wurde, war dies bei meiner Arbeit in der Verwaltung völlig anders. Ob und inwiefern der Titel eine Rolle für*

---

[7] *Schneider, Martin*: Leistungssteuerung und Karriereanreize für „professionals": Ein Vergleich deutscher und amerikanischer Berufsrichter, IAAEG No. 2002/03.

eine Karriere in der Verwaltung spielt, lässt sich nur schwer ermessen. Auf Amtsleiterebene liegt die Anzahl der Personen mit Doktortitel in Hamburg beispielsweise bei ca. 30%.[8]

3. Im Alltag

20 Nicht verschwiegen werden soll, dass eine Promotion auch im Alltag von Vorteil sein kann. Auch hierzu gibt es keine „harten Fakten", nur unsere individuellen Erfahrungen.

Jan: *Ich habe die Erfahrung gemacht, dass die Angabe des Doktortitels bei der Korrespondenz mit Versicherungen, zukünftigen Vermietern etc., also immer da, wo die eigene Verlässlichkeit gefragt ist, einen positiven Eindruck macht. Wie offen man mit dem eigenen Titel umgeht ist jedoch auch eine Geschmacksfrage. Restaurantreservierungen und Hotelbuchungen unter Angabe des Titels können auch schnell peinlich wirken.*

Daria: *Stimmt, ich kann das bestätigen. Mein Eindruck ist, dass mir, sobald Personen von meinem Doktortitel erfahren, auch außerhalb des wissenschaftlichen Kontextes mehr Respekt entgegengebracht, meine Meinung erster genommen wird. In dem Yoga-Studio, in dem ich eine zeitlang Yoga unterrichtet habe, wurde ich beispielsweise immer als „Frau Doktor" vorgestellt und besonders nach meiner Meinung gefragt. Das finde ich nicht gut, denn eine Meinung ist nicht per se mehr wert, nur weil sie von einer promovierten Person geäußert wird. Aber es ist leider nach wie vor eine Realität, dass promovierten Personen besser zugehört wird, die gerade bei Personen, die einer marginalisierten Gruppe angehören, von Bedeutung sein kann.*

III. Die persönlichen Vorteile

21 Für den beruflichen Erfolg im juristischen Bereich ist eine Promotion – abseits der Wissenschaft – also zwar hilfreich, aber nicht erforderlich.

Wieso dann eigentlich Promovieren und sich mehrere Jahre bei vergleichsweise schlechter Bezahlung unter großem persönlichem Einsatz einem spezifischen Thema zuwenden?[9]

---

[8] Stand November 2022.

[9] S. *Matthias Jahn* in: *Kring, Franziska:* Interview mit Professor Matthias Jahn, LTO, https://www.lto.de/karriere/jura-studium/stories/detail/interview-matthias-jahn-jura-tipps-dissertation-promotion-wissenschaftliches-arbeiten; *Bayer,*

Auch hieraus können wir nur mit unseren eigenen Erfahrungen antworten.

Jan: *Ich habe zweieinhalb Jahre an meiner Dissertation gearbeitet und dies waren für mich bis heute die prägendsten Jahre meines Lebens. Während des Jurastudiums und der Examensvorbereitung hatte ich immer das Gefühl, mich fachlich den Notwendigkeiten des Prüfungsstoffs unterordnen zu müssen. Für mich hatte Jura bis zu diesem Zeitpunkt nie etwas mit Wissenschaft zu tun, sondern war eher ein Handwerk. Ich habe das Fach nie mit Begeisterung studiert, sondern aus Mangel an Alternativen. Die Promotion hat mir dann nicht nur Freude am wissenschaftlichen Arbeiten, sondern auch Freude am Fach selbst gebracht. Ich konnte selbst mein Thema suchen, einengen, ausweiten und verdichten, wie ich es für richtig hielt. Endlich verstand ich, wieso es diese unzähligen Fachzeitschriften in der juristischen Bibliothek gibt und diesen überbordenden Buchbestand von dem Jurastudierende vielleicht 1% während ihres Studiums benötigen. Ich verstand erst bei meiner Arbeit an der Dissertation, dass rechtswissenschaftlicher Diskurs kein Selbstzweck ist, sondern die Metaebene der alltäglichen Arbeit eines Juristen. Und naja, ich habe ein Buch geschrieben.*

Daria: *Das mit dem Buch kann ich absolut bestätigen. Es ist einfach ein großartiges Gefühl, am Ende des langwierigen Promotionsprozesses einen Gegenstand, sein eigenes Werk, in der Hand zu halten. Promovieren ist in diesem Sinne der perfekte Ausdruck nicht-entfremdeter Arbeit, weil man sein eigenes Projekt von Anfang bis Ende konzipiert und umsetzt. Am Ende dieses Prozesses steht ein physisch greifbares Resultat: das fertige Buch. Ich habe mich bewusst dafür entschieden, meine Dissertation in einer „Reihe"*[10] *zu veröffentlichen, die nicht nur inhaltlich passt, sondern deren Buchdesign mich auch ästhetisch angesprochen hat. Es bereitet mir immer große Freude, das in weißes Leinen gebundene Buch zu verschenken und damit auch ein Stück meiner selbst.*

Daria/Schmidt, Jan-Robert, Warum promovieren?, Beck'scher Referendariatsführer 2023/2024, S. 3–5.

[10] Bei juristischen Verlagen werden oft „Reihen" gebildet, die Bücher mit einem gewissen thematischen Schwerpunkt (zB Strafrecht, Rechtsphilosophie etc.) versammeln und meistens von bekannten Personen in dem jeweiligen Themengebiet herausgegeben werden. Teilweise haben die „Reihen" ihr eigenes Design innerhalb des Verlagsdesigns.

B. Voraussetzungen

22 Eine Promotion kommt (leider) erst dann in Frage, wenn man die entsprechenden Noten für eine Zulassung nach der geltenden Promotionsordnung der Universität mitbringt.[11] In der Regel ist dies die Note „Vollbefriedigend“ im ersten oder zweiten Staatsexamen. Daneben gibt es häufig noch weitere Anforderungen, wie Seminarscheine oder eine gewisse Studiendauer an der Universität, an der die Promotion abgelegt wird. Diese Voraussetzungen können jedoch, anders als die formalen Notenanforderungen, meistens auch noch während der Promotionszeit erfüllt werden, insbesondere gilt dies für den Erwerb von Seminarscheinen.

Bezüglich der Notenanforderungen ist Entwarnung angesagt: Beileibe nicht jede:r Promovierende hat zwangsläufig ein oder gar zwei Spitzenexamina.[12] Vielmehr bieten die Promotionsordnungen der allermeisten rechtswissenschaftlichen Fakultäten ein „Schlupfloch“ an. Den so genannten Dispens. Wann dieser erteilt wird, unterscheidet sich zum Teil erheblich von Fakultät zu Fakultät.

23 Die nun folgende Tabelle soll einen groben Überblick über die generellen Anforderungen für die Zulassung zur Promotion für Personen mit einem deutschen Studienabschluss an den verschiedenen juristischen Fakultäten in Deutschland geben.[13] Wir schreiben hier bewusst „grob“, da die meisten Promotionsordnungen viele Ausnahmen, Rückausnahmen und Sonderfällen enthalten. Die folgende Liste kann daher allenfalls einen ersten Überblick über die Anforderungen geben und ersetzt keinesfalls die eigene Lektüre der jeweils aktuellen Fassung der Promotionsordnung, gerade für diejenigen, die ohne ein vollbefriedigendes Examen promovieren wollen. Zudem ist wie bereits oben erwähnt darauf hinzuweisen, dass einige Zusatzvoraussetzungen wie der Erwerb eines Seminarscheins auch teilweise noch während des Promotionsprozesses nachgeholt werden können.

[11] S. Rn. 158a.

[12] Angesichts der vielen Ausnahmen und des spezifischen Prüfungsformats des Staatsexamens stellt sich ganz generell die Frage, wieso die Examensnote überhaupt ein ausschlaggebendes Kriterium für die Möglichkeit zur Promotion ist. Dies ist auch unter einer intersektionalen Perspektive kritisch zu bewerten, s. Rn. 158a.

[13] Nicht eingegangen wird hier aus Platzgründen auf die Notenanforderungen bei Studierenden mit „fachfremden“ oder ausländischen Abschlüssen. Für diese finden sich jedoch in nahezu allen Promotionsordnungen Sonderregelungen.

Universität	Notenanforderung (aus einem Staatsexamen) für die Zulassung der Promotion nach Promotionsordnung der juristischen Fakultät (PO).	Voraussetzungen für einen Dispens (Absehen von Notenanforderungen)
Augsburg	§ 5 I, IV PO: VB im universitären oder im staatlichen Teil des 1. Examens (und anderer Teil jeweils „befriedigend") oder VB im 2. Examen + Besuch einer Veranstaltung im Umfang von mindestens zehn Semesterwochenstunden auf den Gebieten des Kirchenrechts, der kirchlichen Rechtsgeschichte oder des Staatskirchenrechts und Bewertung der Veranstaltung mit „gut" + Quellenexegese zum römischen Recht mit der Note „gut"	§ 5 III 1 PO: Zulassung zur Promotion an einer anderen Universität und nachträglicher Wechsel der Betreuungsperson an die Universität Augsburg
Bayreuth	§ 5 I PO: VB	§ 5 II PO: Ein Examen mind. 8 Punkte + zwei Seminarscheine mit mindestens der Note „gut"
FU Berlin	§ 4 II Nr. 1 PO: VB	§ 4 Abs. 2 Nr. 2 PO: Ein Examen mind. „befriedigend" + Seminarschein mit mindestens der Note „gut" oder ein LLM mit der Gesamtnote „magna cum laude" bzw. „gut"
Bielefeld	§ 5 II Nr. 1, V Nr. 1 PO: VB + Teilnahme an einem von der Fakultät für Rechtswissenschaft der Universität Bielefeld veranstalteten Seminar und Seminarschein mit der Note „gut" oder erfolgreiche Teilnahme an einer Quellenexegese mit Leistungsnachweises oder erfolgreiche Teilnahme an dem Zusatzqualifikationsprogramm „Europa Intensiv" oder erfolgreicher Abschluss des Masterstudiengangs „Rechtsgestaltung und Prozess-	§ 5 VII + VIII PO: Befreiung vom Notenerfordernis, wenn die Befähigung zur selbständigen wissenschaftlichen Arbeit hinreichend nachgewiesen wurde, insbesondere durch eigene wissenschaftliche Publikationen, wissenschaftliche Tätigkeit an einer anerkannten wissenschaftlichen Einrichtung in nicht unbedeutendem Umfang oder durch Nachweis von sonstigen Forschungsleis-

	führung" oder erfolgreicher Abschluss des BA-Studiengangs „Recht und Management" der Universität Bielefeld	tungen. Die Befreiung kann mit der Bedingung verbunden werden, dass die Bewerberin oder der Bewerber an einem von einem anderen Fakultätsmitglied veranstalteten Seminar teilnimmt und dass die dort erbrachten Leistungen mindestens mit „gut" bewertet werden; in besonderen Ausnahmefällen Möglichkeit des Absehens der Voraussetzungen des § 5 Nr. 1 PO
Bochum	§ 3 I, II PO: VB + Seminarschein	§ 4 Abs. 1 PO: Ein Examen mind. „befriedigend" + zwei Seminarscheine, wobei einer mit mindestens der Note VB abgeschlossen worden sein muss
Bonn	§ 2 II PO: VB + Seminarschein	§ 2 VI PO: Ein Examen mit mindestens 7,5 Punkten sowie Schwerpunktseminar mit VB oder sonstiges Seminar mit „gut" oder LL.M.
Bremen	§ 4 I PO: VB	§ 4 I Nr. 7 Seminarschein mit der Note „gut" + Vorlage eines Dissertationskonzepts + Voten zweier Hochschullehrer
Dresden	§ 6 I b PO: VB	§ 6 1c PO: „befriedigend" + Seminarschein mit der Note „gut" oder Abschluss des Schwerpunktbereichs mit der Note „gut"
Düsseldorf	§ 3 I PO: VB + Seminarschein	§ 3 I Nr. 5 PO: In Ausnahmefällen ein „befriedigend" in einem Staatsexamen
Erlangen-Nürnberg	§ 6 I PO: VB im staatlichen und universitären Teil des 1. Examens	§ 6 Abs. 2: VB im staatlichen oder universitären Teil des 1. Examens sowie zwei Seminarscheine mit mindestens der Note „gut"
Frankfurt a.M.	§ 4 I, II PO: VB	§ 4 Abs. 4: Zwei positive Voten durch Professor:innen der Rechtswissenschaft

Frankfurt Oder	§ 8 I PO: VB	§§ 8 II, 13 PO: Seminarschein mit der Note „gut" oder Schwerpunkthausarbeit mit der Note „gut"
Freiburg	§ 5 I PO: VB	§ 6 I PO: Staatsexamen mit mindestens 8 Punkten sowie Seminarreferat mit der Note „gut" oder 1. Examen mit mindestens 6 Punkten sowie Seminarreferat mit der Note „gut" sowie Gutachten einer Universitätslehrkraft der Fakultät
Gießen	§ 5 III PO: VB + Seminarschein mit der Note „gut"	§ 5 III PO: begründete Fälle, sofern eine befürwortende Stellungnahme der Betreuungsperson vorliegt
Göttingen	§ 3 I PO: VB	§ 3 II PO: Befreiung in Ausnahmefällen
Greifswald	§ 2 I PO: Ein Examen mit VB oder ein Examen mit „befriedigend" + 2 Seminarscheine von verschiedenen Professor:innen mit der Note „gut" oder ein Examen mit „befriedigend" + universitärer oder staatlicher Teil des 1. Examens mit der Note „gut"	§ 4 I PO: Aus wichtigen Gründen aufgrund von schriftlichem Antrag bei dem:der Dekan:in
Hagen	§ 6 I PO: VB	§ 6 II PO: Antrag und Nachweis wissenschaftlicher Qualifikation etwa durch Seminararbeiten, wissenschaftliche Veröffentlichungen
Halle-Wittenberg	§ 3 I PO: VB	§ 3 IV PO: Befreiung durch Fakultätsrat möglich
Hamburg	§ 3 I PO: VB + zwei Seminarscheine mit der Note VB	§ 3 I PO: Gutachten eines Professors der Fakultät
Hamburg (BLS)	§ 6 I PO: VB (erstes Examen)	§ 6 II PO: „befriedigend" (1. Examen) sowie Seminarschein oder Bachelorarbeit mit der Note „gut"
Hannover	§ 4: VB + Seminarschein	§ 5 II PO: Ein Examen mit „befriedigend" sowie Magister oder Bachelor mit der Note „magna cum

		laude“ oder Schwerpunktprüfung mit der Note „gut“ oder Seminarschein mit der Note „sehr gut“ oder § 5 III PO: „befriedigend“ sowie zwei Voten von betreuungsberechtigten Mitgliedern der Fakultät.
Heidelberg	§ 4 I PO: VB (bei nur 1. Examen beide Teile mind. 8 Punkte) + Latinum	§ 4 II PO: „befriedigend“ sowie Gesamtschau von Votum des Betreuenden, Seminarscheinen etc.; Befreiung vom Latinum bei anderen ähnlich qualifizierenden fremdsprachlichen Fähigkeiten.
Jena	§ 3 I, II PO: VB	§ 3 II PO: Seminarschein mit der Note „gut“ oder Stelle als wissenschaftliche:r Mitarbeiter:in
Kiel	§ 4 I: VB + Seminarreferat mit Note VB	§ 4 II PO: „befriedigend“ + Zustimmung des:der Dekans:in
Köln	§ 3 I PO: VB + Seminarschein mit der Note „gut“ oder Referat mit Note VB + Absolvierung Propädeutikum	§ 3 IV PO: „befriedigend“ + Referat mit Note VB.
Konstanz	XI. Art. 1 I PO: VB + Seminarscheint mit Note VB	XI. Art. 1 II PO: „befriedigend“ + Seminarschein mit Note „gut“
Leipzig	§ 2 I PO: VB + Seminarschein mit Note „gut“	§ 2 II PO: „befriedigend“ + zwei Seminarscheine mit der Note „gut“
Mainz	§ 5 I PO: VB + Seminarschein mit der Note „gut“	§ 5 III PO: Votum von betreuungsberechtigter Person + Seminarschein mit der Note „gut“
Mannheim	§ 5 I PO: VB (Staatsteil und universitärer Teil des ersten Examens) + Seminarschein oder rechtsgeschichtliche Exegese mit der Note VB	§ 5 II PO: 7,5 Punkte im 2. Examen oder im staatlichen oder universitären Teil des 1. Examens; wenn nirgendwo 7,5 Punkte erreicht wurden, kann der Promotionsausschuss die Befreiung mit ¾ Mehrheit erteilen

Marburg	§ 5a I PO: VB (im 1. Examen sowohl im staatlichen als auch im universitären Teil) + Teilnahme an rechtswissenschaftlichem Seminar	§ 5a V PO: Bewertung von Studienverlauf, Arbeitsplan, Seminarleistungen sowie Votum zweier Professor:innen des Fachbereichs Rechtswissenschaften der Universität Marburg
München	§ 6 I + III PO: VB + zwei Semester Studium der Rechtswissenschaften an der Universität München (bei Vorliegen besonderer Gründe kann die Fakultät ein Studium als Gasthörer für ausreichend erklären oder auf die Voraussetzung des Studiums an der Universität München ganz oder teilweise verzichten)	-
Münster	§ 3 I PO: VB	§ 3 I PO: „befriedigend" und Betreuungsperson hält Zulassung für sinnvoll
Osnabrück	§ 4 I S.1 PO: VB + erfolgreiche Seminarteilnahme	§ 4 I S. 2 PO: Bisherige Leistungen lassen erwarten, dass der Bewerber zu selbstständiger wissenschaftlicher Arbeit befähigt ist
Passau	§ 6 I PO: VB (VB im 1. Examen sowohl im staatlichen als auch universitären Teil)	§ 6 III PO: „befriedigend" + Nachweis besonderer Eignung (bspw. Veröffentlichung in juristischer Fachzeitschrift oder zwei mit der Note „gut" bewertete Seminarscheine)
Potsdam	§ 4 I S. 1 PO: VB + erfolgreiche Seminarteilnahme.	§ 4 I S. 2 PO: „befriedigend" + zwei Seminarscheine wovon einer mit der Note „gut" bewertet worden ist
Regensburg	§ 5 I PO: VB (beim ersten Staatsexamen VB sowohl bei Staatsprüfung als auch bei Universitätsprüfung).	§ 6 I PO: 7 Punkte in einem Staatsexamen + besondere Fähigkeit zum wissenschaftlichen Arbeiten nachgewiesen (bspw. durch wissenschaftliche Publikationstätigkeit, Tätigkeit als studentische:r- oder wissenschaftliche:r Mitarbeiter:in an einer rechtswissenschaftlichen Fakultät etc.)

Rostock	§ 2 II PO: VB + Seminarschein	-
Saarbrücken	§ 5 I, II PO: VB + zwei Seminarscheine	§ 5 IV PO: „befriedigend" + zwei Seminarscheine mit der Note „gut"
Siegen	§ 8 II a) 1 bb), II a) 2 PO: 1. oder 2. Examen mit „einer über dem Durchschnitt liegenden Note" + 2 Semester Studium des Deutschen und Europäischen Wirtschaftsrechtes an der Universität Siegen, in dessen Verlaufe ein Seminarschein mit der Note „gut" erworben wurde (hiervon ist befreit, wer mindestens ein Jahr bei eine:r Professor:in der Fakultät III der Universität Siegen im Rahmen eines Beschäftigungsverhältnisses tätig war, das einen rechtswissenschaftlichen Abschluss erfordert; hierunter fällt insbesondere die Tätigkeit als wissenschaftliche:r Mitarbeiter:in mit 50% der wöchentlichen Arbeitszeit	-
Trier	§ 2 II Nr. 1 PO: VB	§ 3 III Nr. 3 PO: „befriedigend" + Seminarschein mit der Note „gut"
Tübingen	§ 3 I, II PO: VB + Seminarschein mit der Note „gut" + rechtshistorisch-exegetische Übung (es sei denn, Promotionsvorhaben ist rechtshistorischer Natur)	§ 3 III PO: „befriedigend" + zwei Seminarscheine mit mindestens der Note „gut"
Würzburg	§ 5 I Nr. 2 PO: VB + Seminarschein	§ 5 III PO: Auf Antrag eines Mitglieds des Promotionsausschusses bei besonders qualifizierten Bewerber:innen

C. Der richtige Zeitpunkt

Wann der richtige Zeitpunkt für eine Dissertation gekommen ist, hängt selbstverständlich von den individuellen Lebensumständen ab. Im Regelfall wird ein Dissertationsprojekt direkt nach dem ersten oder (zum Teil berufsbegleitend) nach dem zweiten Staatsexamen angegangen. Wir beide haben unsere Dissertationen nach dem ersten Staatsexamen begonnen und dies stellte an unserer Universität (Universität Hamburg) – zumindest bei den dort tätigen wissenschaftlichen Mitarbeiter:innen – auch den Regelfall dar. Dies spiegelt sich auch in den durchgeführten *Umfragen* wider. *Sowohl bei den Promovierenden als auch bei den Promovierten* liegt der Anteil derjenigen, die nach dem ersten Staatsexamen die Promotion begannen, *bei etwas mehr als 70%.* **24**

Auf die Frage, ob sie eine Promotion eher nach dem ersten oder nach dem zweiten Staatsexamen empfehlen würden, gaben *60% der von uns befragten Promovierten* an, dass sie eine Promotion nach dem ersten Staatsexamen empfehlen würden, *16%* empfahlen diese nach dem zweiten Staatsexamen und *der Rest* gab an, dass es „egal" sei. Bei diesen Zahlen wird man allerdings in Rechnung stellen müssen, dass ein Großteil der Befragten nach dem ersten Staatsexamen promoviert hat und diese damit wohl aus dem eigenen Erfahrungshorizont heraus geantwortet haben.

Auf die Frage, wieso die Promovierten eine Promotion nach dem ersten Staatsexamen empfehlen würden, gaben *viele der Befragten* an, dass dies vorteilhaft sei, da man das universitäre Umfeld und das wissenschaftliche Arbeiten noch gewohnt sei. **25**

Jan: *Aus eigener Erfahrung kann ich dies bestätigen. So wurde mir nach dem ersten Staatsexamen von dem Professor, für den ich damals als studentische Hilfskraft arbeitete, eine Stelle als wissenschaftlicher Mitarbeiter mit Möglichkeit zur Promotion angeboten. Eine Kollegin von mir wurde von einem Professor aus der mündlichen Prüfung heraus rekrutiert.*

Daria: *Ich würde diesem Gedanken zustimmen, allerdings aus einem anderen Blickwinkel heraus: Die Promotion ist meiner Meinung nach der erste Moment im Rahmen der juristischen Ausbildung, in dem man ernsthaft wissenschaftlich arbeiten kann. Dies hat mir während des gesamten juristischen Studiums – abgesehen von den beiden Seminararbeiten im Schwerpunkt – gefehlt. Die Universität ohne eine grundlegende wissenschaftliche Beschäftigung mit dem Recht zu verlassen hätte mir das Gefühl gegeben, nicht wirklich studiert zu haben, sondern „nur" gut ausgebildet worden zu sein (was natürlich auch ein Wert ist). Ich brauchte gerade nach dem ersten Staatsexamen einen*

Augenblick zum freien Atmen und eigenständigen Denken. Erst danach war ich wieder bereit, und hatte tatsächlich auch große Lust, mich erneut mit der juristischen Dogmatik zu beschäftigen und ins Referendariat zu gehen.

26 Oft wurde zudem von den *Befragten* darauf hingewiesen, dass nach dem zweiten Staatsexamen der Berufseinstieg im Vordergrund stehe und eine Promotion diesen verlangsamen würde. Hierzu wurde unter anderem angemerkt, dass die Motivation für die Beendigung einer Promotion sinken würde, wenn man stets die Möglichkeit habe, einen „Ausstieg" über den Berufseinstieg zu wählen.[14]

So berichtet *ein:e Teilnehmer:in der Promovierten-Umfrage:*

„Der Anreiz zum ‚Abbruch' in unweigerlich auftretenden schwierigen Phasen ist noch größer, wenn die Alternative der direkte Berufseinstieg mit entsprechendem Gehalt und entsprechender Verantwortung ist. Freunde und Bekannte befinden sich zudem ebenfalls mit höherer Wahrscheinlichkeit noch im universitären Umfeld und nicht im Berufsalltag."

Gleichzeitig können sich im Referendariat Berufsperspektiven ergeben, die im Anschluss genutzt werden können. So berichtete *ein:e andere:r Teilnehmer:in der Promovierten-Umfrage:*

„Nach dem zweiten Examen bieten sich viele Möglichkeiten des Berufseinstiegs und man hat bereits angefangen ein Netzwerk zu knüpfen. Dann ist es schön, wenn man diese Chancen auch ergreifen kann und nicht nochmal zwei Jahre an der Diss sitzt, denn dann sind die Beziehungen eventuell erkaltet."

Weiterhin wurde in der *Promovierten-Umfrage* oft das Argument genannt, dass man nach dem langen juristischen Studium irgendwann „auch einmal Geld verdienen" wolle.

Jan: *Die Nahbereichsempirie meiner Referendariats-AG bestätigt dieses Bild. Noch zu Beginn des Referendariats erwogen drei meiner Kolleg:innen eine Promotion nach dem zweiten Staatsexamen. Nach dem Abschluss war davon jedoch keine Rede mehr und alle drei wählten den direkten Jobeinstieg, weil sie mit ihrer Karriere beginnen wollten.*

---

[14] So auch Matthias Jahn in: *Kring, Franziska:* Interview mit Professor Matthias Jahn, LTO, https://www.lto.de/karriere/jura-studium/stories/detail/interview-matthias-jahn-jura-tipps-dissertation-promotion-wissenschaftliches-arbeiten, „Im Zweifel würde ich dazu raten, lieber früher als später zu beginnen."

Auf der anderen Seite gibt es jedoch auch einige Argumente, die für eine Promotion nach dem zweiten Examen sprechen. Von den Umfrageteilnehmer:innen der *Promovierten-Umfrage* wurden des Öfteren auf Synergieeffekte im Hinblick auf den prozessualen Stoff des zweiten Staatsexamens und eine Promotion genannt. Ob ein fundiertes prozessrechtliches Wissen für die eigene Promotion notwendig oder hilfreich ist, hängt freilich von dem gewählten Thema ab. Gleichzeitig ist es möglich, dass durch das im Referendariat erlangte Prozesswissen und die Praxiserfahrung auch die Themenfindung beeinflusst wird. **27**

Auch wurde betont, dass die Zuverdienstmöglichkeiten nach dem zweiten Staatsexamen bei eventuellen Nebentätigkeiten besser seien.

Ein gewichtiger und meist nicht beachteter Punkt für diejenigen, die überlegen, in den Staatsdienst zu gehen, ist der der Anrechnung von Nebentätigkeiten während der Promotionszeit auf die Erfahrungsstufe bzw. auf die Probezeit im Beamtenverhältnis. Hierzu schreibt *ein:e von uns befragte:r Teilnehmer:in der Promovierten-Umfrage*: **27a**

„Vordienstzeiten an der Universität werden ansonsten nicht auf die Verplanung im Richteramt angerechnet. Das führt dazu, dass man die gleiche Arbeit als WissMit an der Uni oder in einer Kanzlei macht, diese aber – da das zweite Staatsexamen fehlte – nicht für die Verplanung angerechnet wird. Als Folge sind erhebliche Nachteile durch spätere Verplanung, etwa hinsichtlich familiärer Sicherheit (Dienstort) als auch für die spätere Karriere (Zeitpunkt einer möglichen Erprobung) möglich."

Dies mag sich erst einmal theoretisch anhören, besitzt aber durchaus eine sehr große Relevanz. Die Besoldung im öffentlichen Dienst hängt im Wesentlichen von Erfahrungsstufen ab, die sich nach der Dienstzeit bemessen. Auf diese können vorangegangene Tätigkeiten angerechnet werden. Dies wird in der Regel jedoch nur getan, wenn die vorige Tätigkeit nach Abschluss der Ausbildung, also nach Ansicht vieler Länder nach Abschluss des zweiten Staatsexamens, begonnen wurde.

Jan: *Dies war auch bei meiner Einstellung als Beamter der Fall. Obwohl ich fünf Jahre an der Universität als wissenschaftlicher Mitarbeiter tätig war, wurde mir diese Zeit nicht als Erfahrungszeit angerechnet, was in meinem Fall ca. 200 € netto monatlich ausmacht. Hätte ich nach dem zweiten Staatsexamen an der Universität gearbeitet, dann würden mir diese Erfahrungen angerechnet werden.*

Auch für die Probezeit ist dies relevant. Dies kann vor allem bei einer richterlichen Tätigkeit eine nicht geringe Bedeutung erlangen, denn gerade in Flächenländern ist eine „Verschickung" von Proberichtern, auch über große Distanzen, nicht unüblich. Dies ändert sich erst mit der **27b** ersten Planstelle, wobei auf die Verplanung wiederum Erfahrungszeiten angerechnet werden.

28 Wann der richtige Zeitpunkt für eine Promotion ist, ist daher genau abzuwägen und hängt wesentlich von den individuellen Lebensumständen ab. Gerade solche Faktoren wie die Anrechnung von Erfahrungszeiten sollten nicht aus dem Blick verloren werden.

Jan: *Mir war dies zu Beginn meiner Promotion jedenfalls nicht bewusst.*

Daria: *Mir auch nicht.*

D. Betreuung und Themenfindung

29 Die Fragen nach dem Thema und dem richtigen Betreuer sind sehr eng miteinander verknüpft und ähnlich dem „Henne-Ei"-Problem. Die betreuende Person und ihre Forschungsarbeit üben einen maßgeblichen Einfluss auf die Themenwahl aus. Genauso kann ein bereits feststehendes Thema die Wahl einer bestimmten Betreuungsperson bedingen. Manche Professor:innen haben schon eine Sammlung an Themen in der Schublade liegen, die sie gerne vergeben möchten, andere Professor:innen erwarten von ihren Doktorand:innen eine eigenständige Themenfindung.[15] In jedem Fall ist es jedoch wichtig, sich im Vorhinein schon einmal selbst Gedanken gemacht zu haben, um nicht Gefahr zu laufen, sich von der Betreuungsperson ein Thema vorgeben zu lassen, dass einen selbst nicht genug interessiert, um eine tragfähige Motivation für die einige Jahre dauernde Promotionsphase zu bieten (s. Rn. 7 ff.).

I. Wie finde ich das richtige Thema?

30 Das richtige Thema für die eigene Arbeit zu finden ist mitentscheidend für das Gelingen der Arbeit. Zum einen muss das Thema auch tatsächlich für die Bearbeitung im Rahmen einer Promotion geeignet sein, also genug Forschungsstoff bereithalten, um eine Promotion zu rechtfertigen, aber nicht so grundlegend sein, dass es eher eine Habilitation rechtfertigen würde. Bei der Eingrenzung des Themas kann in

---

[15] So etwa Matthias Jahn in: *Kring, Franziska:* Interview mit Professor Matthias Jahn, LTO, https://www.lto.de/karriere/jura-studium/stories/detail/interview-matthias-jahn-jura-tipps-dissertation-promotion-wissenschaftliches-arbeiten, „Die Grundregel muss sein: Der Doktorand findet das Thema, nicht das Thema den Doktoranden."

der Regel die Betreuungsperson beratend zur Seite stehen (s. Rn. 42 ff.). Auf der anderen Seite muss das Thema – und dieser Faktor ist nicht zu unterschätzen – auch zu euch passen. Sei es, weil ihr später in einem bestimmten Gebiet arbeiten möchtet oder weil ihr ein genuines Interesse für einen Themenbereich besitzt. Idealerweise ist die Promotionszeit nämlich die Phase, in der ihr eure individuellen Interessen ausleben und vertiefen könnt. Dabei kann dieses Interesse vielfältigen Ursprungs sein.

Jan: *Nach dem ersten Examen traf ich eine Kommilitonin, die nach einem Campingurlaub in Schweden zum so genannten „Jedermannsrecht", also dem Recht, in Schweden und in einigen anderen nordischen Ländern auf unkultiviertem Land übernachten zu dürfen, eine rechtsvergleichende Dissertation schreiben wollte, weil sie gerne Campingurlaub in Schweden machte und von dem dortigen System fasziniert war.*

Mein eigenes Thema fand ich eher zufällig durch eine Unterhaltung mit meinem Vater, der als gestandener Gesellschaftsrechtler einen Familienrechtssenat übernommen hatte und mir eines Tages erzählte, dass er meine alten Comichefte jetzt ins Gericht mitnehmen müsse, da er nun mit Kindern zu reden habe. Eine für ihn ungewohnte Situation, die mich dazu brachte zu fragen, wie eigentlich die Rolle des Kindes in familienrechtlichen Verfahren ist.

Daria: *Meine Themenfindung war auch ein Prozess. Ich wusste von Anfang an, dass ich im Bereich „Recht und Literatur" promovieren möchte. Zunächst hatte ich die Idee, über die Tragödie Faust von Goethe zu promovieren. Im Gespräch mit meinem späteren Betreuer schlug er mir als Alternative die materialistische Rechtstheorie vor, und als ich mich näher damit beschäftigte, begann ich mich für die Person Paschukanis zu interessieren. Paschukanis' Leben (er wurde 1937 prozesslos von Stalin liquidiert) bot den perfekten Stoff für eine dramatische Aufarbeitung, und so kam uns die Idee, dass ich über sein Leben und Werk promovieren könnte, um damit „Recht und Literatur" und materialistische Rechtstheorie zu verbinden. Als ich meinem Theaterkollektiv vorschlug, mein Dissertationsprojekt zu inszenieren, waren sie sofort begeistert und als ich dann noch das Stipendium der Andrea von Braun Stiftung in der Tasche hatte (dazu noch unter Finanzierung) war das Thema in Stein gemeißelt. Aus heutiger Sicht hat sich alles einfach gefügt, aber als ich zum ersten Mal das Büro meines Betreuers betrat, hätte ich niemals gedacht, dass ich am Ende ein eigenes Theaterstück schreiben und inszenieren würde.*

31 Die Themenwahl kann also intuitiv oder zufällig erfolgen. Wenn ihr die Themenfindung aber etwas gezielter angehen wollt als wir, gibt es einige Fragen, die ihr euch vor der Suche nach einer Betreuungsperson stellen könnt:

1. Welches Rechtsgebiet?

32 Dies ist die erste Abzweigung, die es zu beschreiten gilt: In welchem Rechtsgebiet wollt ihr arbeiten? Soll sich die Arbeit mit öffentlichem Recht, Zivilrecht oder Strafrecht befassen? Mit materiellem Recht oder Prozessrecht? Oder wollt ihr eine grundlegende Arbeit im Bereich der Rechtsgeschichte, Rechtsphilosophie oder Rechtssoziologie schreiben? Diese Fragen schließen sich nicht gegenseitig aus. Vielmehr dürfte eine Verknüpfung verschiedener Themenfelder der Regelfall sein.

33 Bei der Wahl des Rechtsgebiets kann es durchaus Sinn machen, spätere berufliche Perspektiven in den Blick zu nehmen. Dies gilt insbesondere für diejenigen unter euch, die bereits jetzt schon wissen, dass sie eine wissenschaftliche Karriere anstreben wollen. Aber auch für die juristische Praxis – gerade im anwaltlichen Bereich – kann es hilfreich sein, sein fundiertes Interesse in einem Rechtsgebiet durch eine Promotion belegen zu können. Wenn ihr also beispielsweise später als Strafverteidiger:in arbeiten wollt, ist es durchaus zweckmäßig, eine Promotion im Strafrecht oder Strafprozessrecht abzulegen. Auch hier aber gilt: Maßgebliches Kriterium sollte immer euer Interesse an dem gewählten Thema sein, die Zweckmäßigkeit kann eher ein zusätzliches Argument sein – denn sonst wird das Promovieren ein sehr zäher Prozess (s. Rn. 7 ff.).

Jan: *Ich habe zudem die Erfahrung gemacht, dass Stringenz in juristischen Lebensläufen auch heute noch von einigen (konservativen) Arbeitgeber:innen gerne gesehen wird. So musste ich in Vorstellungsgesprächen mehrfach eingehend erläutern, wie meine Praktika und Stationen in Großkanzleien, mein Schwerpunkt in Kriminologie und meine interdisziplinäre rechtstheoretische Promotion mit Bezügen zum Familienrecht sich zueinander verhalten würden. Dies kann man bewerten wie man möchte – und ich würde jede dieser Entscheidungen heute genauso wieder treffen – allerdings kann eine frühzeitige Spezialisierung im späteren Beruf durchaus nützlich sein, auch wenn sie gegebenenfalls den Blick auf das große Ganze verengt.*

Daria: *Wenn ihr eine wissenschaftliche Karriere anstrebt, dann ist die Promotion eure Visitenkarte. Seid darauf vorbereitet, dass es etwa bei Bewerbungen auf Juniorprofessuren maßgeblich auf das Themen-*

feld eurer Dissertation ankommen wird. Ich kenne einige Personen, die ihre Dissertation daher sehr strategisch angehen und sich bewusst in Bereichen aufstellen, in denen es zurzeit viele Ausschreibungen gibt – Digitalisierung ist etwa ein Begriff, den mittlerweile viele (Junior-) Professuren, egal aus welchem Rechtsgebiet, im Titel haben. Ob ihr derart strategisch vorgehen wollt, bleibt euch überlassen. Ich persönlich denke/hoffe, dass, wenn man zu einem Thema promoviert, das einen ernsthaft interessiert, man mit diesem authentischen Forschungsprofil später auch eine Professur finden wird (und für strategische Publikationen auch noch während einer potenziellen Habilitation Zeit sein wird).

2. Methodische Ausrichtung

Eng mit der Frage nach dem Rechtsgebiet verknüpft ist die Frage **34** nach der methodischen Ausrichtung der Arbeit: Wollt ihr eher juristisch-dogmatisch arbeiten oder euch geistes- und gesellschaftswissenschaftlicher Methoden bedienen? Hierbei gibt es jedoch kein klares „Entweder-Oder". Selbstverständlich kann eine dogmatische Arbeit interdisziplinäre Bezüge enthalten und umgekehrt. Allerdings weisen die meisten Promotionen einen eindeutigen Schwerpunkt in die eine oder andere Richtung auf. Sich zu Beginn über den eigenen methodischen Anspruch klar zu werden kann auch dabei helfen, sein Zielpublikum klar zu adressieren (bereichsspezifische oder größere Fachcommunity, vielleicht sogar eine größere Öffentlichkeit?).

Dabei ist es schwierig, den Unterschied zwischen dogmatischem **35** und interdisziplinärem Arbeiten genau zu bestimmen.[16] Für die praktischen Zwecke dieses Ratgebers lässt sich ganz grob sagen, dass eine rechtsdogmatische Arbeit eine klassisch-juristische Arbeit ist, deren Inhalt wesentlich aus der Analyse von Rechtsprechung und rechtswissenschaftlicher Literatur besteht; sich eben der Methoden bedient, mit denen Jurist:innen in Studium und Praxis arbeiten.

Jan: *Ich fand es während meines Jurastudiums merkwürdig, dass* **35a** *der Begriff „Dogmatik" immer wieder Erwähnung fand, jedoch niemand wirklich griffig erklären konnte, was denn darunter zu verstehen sei. Ich habe mich mit folgender Erklärung versucht diesem Begriff anzunähern: Die Rechtswissenschaft ist keine empirische Wissenschaft. Dass etwas in der Rechtswissenschaft „so ist", kann nicht mit Studien*

---

[16] Siehe dazu etwa: *Waldhoff*, Kritik und Lob der Dogmatik: Rechtsdogmatik im Spannungsfeld von Gesetzesbindung und Funktionsbeschreibung, in Kirchhof, Magen, Schneider: Was weiß Dogmatik, 17, 22 ff.; *Windel*, Ist das rechtsdogmatische Zeitalter vorbei? AnwBl. Online 2019, 447.

oder Experimenten nachgewiesen werden. Vielmehr bewährt sich eine rechtswissenschaftliche Theorie, wenn sie fußend auf der rechtlichen Systematik, in ihr einen kohärenten Platz findet. Hier findet sich m.E. eine deutliche Parallele zu einem anderen Feld, das von der Dogmatik beherrscht wird, nämlich der Theologie.[17] *Die Rechtswissenschaft hat zur Sicherung der systemischen Kohärenz eigene Werkzeuge, wie etwa die systematische und teleologische Auslegung, entwickelt. Eine Arbeit ist meines Erachtens dann rechtsdogmatisch, wenn sich dieser und anderer systemimmanenter Werkzeuge bedient wird, um sich mit einer rechtlichen Frage auseinanderzusetzen.*

36 Bei einer interdisziplinären Arbeit spielt dagegen nicht nur die rechtswissenschaftliche Arbeitsweise, sondern auch die anderer Wissenschaftsdisziplinen eine maßgebliche Rolle. Sei es die Quellenexegese in der Rechtsgeschichte, die Textanalyse in der Philosophie oder das Lesen und Interpretieren von Statistiken in der Soziologie. Bevor ihr die Entscheidung trefft, eine interdisziplinäre Arbeit zu verfassen, solltet ihr euch daher vergegenwärtigen, dass ihr euch mit einer neuen Methodik werdet auseinandersetzen müssen. Anders als die juristische Methodik müsst ihr euch die Methodik einer anderen Disziplin ggf. erst erschließen, bevor ihr mit der eigentlichen – inhaltlichen – Arbeit beginnen könnt. Dies kann einige Zeit in Anspruch nehmen.[18]

Gleichzeitig sollte euch dies jedoch auch nicht zu sehr abschrecken. Das Erschließen einer neuen Methodik kann für das eigene Denken sehr bereichernd sein. Hinzu kommt, dass die Verknüpfung mehrerer Wissensbereiche, wenn dies in sinnvoller Weise geschieht, einen besonderen Mehrwert für die Rechtswissenschaft leisten kann. Dies hängt letztlich jedoch von den eigenen Präferenzen ab. Interdisziplinäres Arbeiten ist nach unserer Erfahrung vor allen Dingen für diejenigen

---

[17] *Windel*, Ist das rechtsdogmatische Zeitalter vorbei? AnwBl. Online 2019, 447. Hier sei ein kurzer Einschub zum Thema Fußnoten erlaubt. Natürlich müsste in einer Doktorarbeit die Rechtsdogmatik ausführlicher und vor allen Dingen besser belegt erklärt werden. Ein einzelner Verweis auf einen Aufsatz im Anwaltsblatt würde für die hier geäußerte These sicher nicht ausreichen. Allerdings ist dies hier unser Buch und keine Doktorarbeit und der Aufsatz ist sehr empfehlenswert, deswegen bleibt es dabei.

[18] Dies bedeutet nicht unbedingt, dass ihr in jedem Fall ein Zweitstudium aufnehmen müsst. Aber ihr solltet euch darüber bewusst sein, dass eine interdisziplinäre Arbeit in den meisten Fällen länger dauern wird als eine (rein) dogmatische Arbeit. Auch hier kann euch eure Betreuungsperson als maßgebliche Ansprechpartner:in unterstützend zur Seite stehen. Aber Vorsicht: Da eure Betreuungsperson ggf. schon seit Jahren interdisziplinär arbeitet, könnte sie dazu neigen, den erforderlichen Zeitaufwand zur Einarbeitung in eine neue Methodik zu unterschätzen.

empfehlenswert, die sich auch schon während des juristischen Studiums für andere Wissenschaftsbereiche interessiert haben und dies nun gerne vertiefen würden.

Jan: *Meine Arbeit war in gleich mehrfacher Hinsicht interdisziplinär. So war sie in weiten Teilen rechtshistorisch (mein Untersuchungszeitraum war von 1946–2016). Gleichzeitig führte ich im Rahmen meiner Arbeit eine empirische Umfrage bei Familienrichtern durch, wertete diese aus und versuchte die gesellschaftstheoretischen Hintergründe bestimmter Rechtsentwicklungen nachzuvollziehen. Ich kann vor diesem Hintergrund nur für interdisziplinäres Arbeiten werben. Der anfängliche Mehraufwand, der durch das Einarbeiten in eine für mich fachfremde Methodik entstand, wurde mehr als kompensiert durch die Erkenntnisse, die ich im Verlauf der Arbeit gewinnen durfte und das tiefere Verständnis des Zusammenhangs zwischen Rechtswissenschaften und anderen Wissensbereichen.*

Eine Erfahrung, die ich machen musste, als ich mich im Rahmen meiner Dissertation mit Schriften von Niklas Luhmann und Max Weber auseinandersetzte. Genauso wie für die Rechtswissenschaft gibt es auch für andere Wissensbereiche Werke, die die Methodik näher erklären. Aus eigener Erfahrung kann ich „Theorien und Methoden der Geschichtswissenschaft" von Jordan und „Methoden der empirischen Sozialforschung" von Schnell/Hill/Esser empfehlen.

Daria: *Meine Arbeit war ebenfalls in mehrfacher Hinsicht interdisziplinär: Sie verbindet Strafrechtsgrundlagen, Rechtsphilosophie, juristische Zeitgeschichte und praktische Theaterarbeit. Natürlich ist es nicht möglich, gerade wenn die Arbeit mehr als nur zwei Disziplinen betrifft, in allen Bereichen gleich gut ausgebildet zu sein. Ich habe parallel zur rechtsphilosophischen Dissertation begonnen, Philosophie zu studieren (und meinen Schwerpunkt hier auf die politische Philosophie gelegt), um die philosophischen Methoden und die spezifische philosophische Herangehensweise an Texte zu erlernen. Außerdem habe ich, da ich im Rahmen der Dissertation auch ein Theaterstück geschrieben und inszeniert habe, mit verschiedenen Theatermacher:innen den Austausch über ihre Herangehensweise an den Stoff gesucht. Gleichzeitig habe ich aber immer versucht, mir bewusst zu machen, aus welcher Perspektive heraus ich schreibe – als rechtsphilosophisch arbeitende Juristin. Diese Perspektive versuche ich auch in der Arbeit deutlich zu machen und mir aus diesem Bewusstsein heraus andere Disziplinen zu erschließen. Meine juristische Vorbildung bestimmt dabei auch meinen Blick auf andere Disziplinen. Während des Verfassens der Promotion hatte ich daher die Sorge, dass meine Arbeit* *im Theater und in der Philosophie kritisch betrachtet wird. Meine Erfahrung nach Abschluss der Arbeit war aber im Gegenteil sehr positiv und ich habe den Eindruck, dass meine juristische Perspektive sowohl im Theater als auch in der Philosophie überwiegend als erfrischend wahrgenommen wird.*

3. Materialforschung, Quellenforschung

37 Sollte man sich dafür entscheiden, interdisziplinär arbeiten zu wollen, stellt sich weiterhin die Frage, ob man auch eine eigene Material- oder Quellenforschung betreiben will. Bei einer rechtshistorischen Arbeit kann dies etwa bedeuten, in Archiven nach Primärquellen zu suchen und diese auszuwerten. Eine eigene Materialforschung bzw. -erstellung kann aber auch in der Konzeption und Durchführung von eigenen empirischen Studien liegen, wie wir es zur Erstellung dieses Ratgebers getan haben. Zu den Vorteilen eigener Material- und Quellenforschung sei ein kleiner Vorgriff auf das Benotungssystem juristischer Dissertationen erlaubt. Um eine exzellente Note, wie ein *magna* oder ein *summa cum laude* zu erreichen, werden in den meisten Promotionsordnungen „bedeutsame" oder „neue" wissenschaftliche Erkenntnisse gefordert. Eine eigene Material- oder Quellenforschung erleichtert den Weg dahin, da schon das Zusammentragen des Materials für sich einen großen Erkenntnisgewinn bieten kann.

Eigene Material- oder Quellenforschung gehorcht aber – genauso wie das Arbeiten in anderen Fachbereichen – eigenen Regeln.[19]

Dies vorweggestellt möchten wir trotzdem dafür werben – natürlich nur, wenn es thematisch und zeitlich passt –, eine eigene Material- oder Quellenforschung zumindest in Erwägung zu ziehen. Es entsteht eine andere, persönlichere Beziehung zur eigenen Arbeit, wenn man das Gefühl hat, dass die Arbeit, so wie sie ist, von niemand anderem hätte geschrieben werden können, da man selbst die Materialgrundlage für seine Arbeit geschaffen hat. Auch hat es zumindest uns beiden Freude bereitet, in Archive zu gehen und unerforschte historische Dokumente zu entdecken.

4. Wo finde ich Anregungen?

38 Wenn euch das Thema nicht von der Betreuungsperson vorgeschlagen wird und ihr selbst keine konkrete Idee habt, wozu ihr schreiben wollt, kann die Themenfindung einige Zeit in Anspruch nehmen. Seid

---

[19] Hierzu sei auf die einschlägige Fachliteratur des jeweiligen Forschungsgebiets verwiesen.

ihr euch zumindest über das Rechtsgebiet (Rn. 32 f.) und vielleicht sogar innerhalb des Rechtsgebiets einen konkreten Fokus klar geworden, so könnt ihr mit der Suche beginnen. Diese kann sich kürzer oder länger gestalten, je nachdem, wie konkret eure Vorstellungen sind.

Bei der Suche danach, wie ein Thema konkret aussehen könnte, **38a** kann es helfen, sich auf den jeweiligen Lehrstuhlwebseiten anzuschauen, worüber andere Doktorand:innen schreiben, um ein Gefühl dafür zu bekommen, wie breit ein Thema zu sein hat. Genauso kann es hilfreich sein, einmal in bereits erschienene Dissertationen des von euch gewählten Fachbereichs zu schauen.

Bei der Suche nach dem eigenen Thema können euch aktuelle recht- **38b** liche Probleme, die in den Fachzeitschriften des jeweiligen Rechtsgebiets thematisiert werden, Inspiration sein. Allerdings eignet sich nicht jede dort thematisierte Rechtsfrage oder Urteilsbesprechung auch gleich für eine Dissertation. Es sollte sich bestenfalls um grundlegende Fragen handeln. Ein Thema kann im Verlauf der Arbeit weiter eingeengt werden (dies passiert bei sehr vielen Dissertationen). Eine eng angelegte Arbeit jedoch im Nachgang weiter zu fassen, ist ungleich schwerer. Für die Suche nach Anregungen zu grundlegenden Fragen eignen sich vor allen Dingen die so genannten „Archivzeitschriften" (Archiv für civilistische Praxis [AcP]; Zeitschrift für die gesamte Zivilrechtswissenschaft [ZfPW]; Zeitschrift für Digitalisierung und Recht [ZfDR]; Archiv des öffentlichen Rechts [AöR]; Archiv des Völkerrechts [AVR] und Goltdammer's Archiv für Strafrecht [GA]; Archiv für Rechts- und Sozialphilosophie [ARSP]), in denen häufig längere wissenschaftliche Ausarbeitungen zu aktuellen Grundsatzfragen zu finden sind. Hilfreiche Anregungen können zudem Festschriften und unter Umständen auch Tagungsbände liefern.

Zu guter Letzt kann auch der Alltag eine wertvolle Inspirationsquel- **38c** le liefern, denn juristische Probleme und Fragen begegnen uns überall.

Es ist wichtig sich bewusst zu machen, dass einem ein Thema häu- **39** fig nicht einfach in den Schoß fällt. Vielmehr muss man erst einmal ein gewisses Gefühl für den Rechtsbereich und seine Materien entwickeln, um ein Problembewusstsein zu entwickeln. Durch das Verfolgen von aktuellen Debatten und Streitständen ergeben sich eigene Interessenschwerpunkte – und damit möglicherweise dann auch schon das Thema. Macht euch keine Sorge, wenn der Findungsprozess etwas länger dauert – denn im Findungsprozess sammelt ihr bereits wertvolle Informationen für eure spätere Arbeit, auch wenn es am Ende vielleicht nur die Sicherheit ist, worüber ihr schreiben wollt. Oft verschiebt sich der thematische Schwerpunkt auch noch während des Schreibens. Zudem erachten wir es zumindest für wichtig, auch wenn ihr „euer Thema" (vermeintlich) gefunden habt, das „große Ganze" nicht aus dem Blick zu verlieren, sondern den Themenkreis, dem man sich in der eigenen Arbeit widmet, als Teil des dynamischen Rechtsdiskurses zu begreifen.

5. Probleme bei der Themenfindung

40 In nicht seltenen Fällen mag sich die Themenfindung als zäh erweisen. Je freier man in der Themenwahl ist, desto eher besteht das Risiko im „Meer der Möglichkeiten" zu ertrinken. Auf der einen Seite kann es schwierig sein, festzustellen, ob ein Thema tatsächlich eine ganze Dissertation trägt. Auf der anderen Seite muss ein Thema eben auch zu euch passen und ihr müsst Lust darauf haben. Zumindest bei der Frage der Eignung eines Themas für eine Dissertation kann euch in der Regel eure (potenzielle) Betreuungsperson weiterhelfen. Letztlich liegt die Entscheidung aber bei euch und ihr solltet nach unserer Erfahrung kein Thema wählen, für das ihr euch nicht – zumindest zeitweise – begeistern könnt. In gewisser Weise könnt ihr die Themenwahl als Ermächtigungsübung begreifen: Die Themenwahl bei der Dissertation ist eure – und nur eure – Entscheidung.

41 Wichtig ist nur, dass ihr euch in diesem Stadium nicht verliert, sondern euch einen klaren zeitlichen Rahmen für die Themenfindung gebt. Es ist dabei auch kein Problem, wenn ihr bspw. mit drei Themenvorschlägen, die ihr entwickelt habt, zu eurer Betreuungsperson geht und sie bittet, euch eine Einschätzung zu geben. Nicht notwendig ist es, dass ihr ein Thema vollständig ausrecherchiert, um es als Thema für eure Dissertation wählen zu können. Dies nimmt unseres Erachtens viel zu viel Zeit in Anspruch und ist meist ineffektiv, da sich das eigentliche Thema der Promotion erst im Laufe der Arbeit herauskristallisieren wird. Ihr könnt euer Thema daher am Anfang auch gröber fassen und schauen, wohin es sich entwickelt. Aus unserer Erfahrung können wir jedoch sagen, dass es wesentlich einfacher wird, wenn man sich einmal festgelegt hat, als wenn man während des Rechercheprozesses noch permanent mit seinem Thema hadert. Letztlich ist nicht (oder zumindest nicht nur) das Thema selbst, sondern die fundierte Ausarbeitung desselben entscheidend.

II. Wie finde ich die richtige Betreuung?

1. Das Thema steht noch nicht fest

42 Wenn das Thema der Promotion noch nicht feststeht oder sogar das Rechtsgebiet noch nicht klar ist, kann es – wie oben beschrieben (Rn. 38 ff.) – durchaus sein, dass ihr euch am Anfang etwas verloren fühlt. Hier kann es natürlich hilfreich sein, bereits eine Betreuungsper-

son zu haben, die euch bei der Themenwahl hilft. So gibt die fachliche Ausrichtung der betreuenden Person zumeist einen Orientierungsrahmen, wenn nicht gar schon einige fertige Themen in der Schublade liegen (Rn. 29). Die betreuende Person hat in aller Regel auch einen derart guten fachlichen Überblick, dass sie einen auf interessante Themen stoßen bzw. von anderen abraten kann. Wie kommt man nun aber an eine Betreuungsperson, wenn noch kein Thema feststeht?

Dies kann zum einen dadurch geschehen, dass man bereits vor der **43** Promotion als studentische Hilfskraft an einem Lehrstuhl tätig war. Die Möglichkeit zur Promotion ergibt sich dann häufig organisch, wenn beide Seiten sich verstehen und die bisherigen Arbeitsergebnisse stimmen. Der Vorteil ist natürlich, dass ihr schon wisst, worauf ihr euch einlasst, eure potenzielle Betreuungsperson kennt und einschätzen könnt, ob eine intensivere Zusammenarbeit für beide Seiten fruchtbar ist. Auch ohne direkte Lehrstuhlanbindung kann es natürlich sein, dass ihr während eures Studiums einen guten Draht zu einem:r Professor:in aufgebaut habt und diese einfach mal unverbindlich auf die Möglichkeit einer Promotion angesprochen habt.

Andererseits wollt ihr mit der Promotion vielleicht bewusst ein neu- **44** es Kapitel aufschlagen und die Universität, an der ihr studiert habt, verlassen. In diesem Fall, oder wenn ihr noch keine Lehrstuhlanbindung habt, kann eine Betreuungsperson über die Ausschreibung von Stellen als wissenschaftliche:r Mitarbeiter:in gefunden werden. So heißt es in solchen Ausschreibungen häufig in dieser oder einer ähnlichen Weise:

> „Es besteht Gelegenheit zur wissenschaftlichen Weiterbildung, insbesondere zur Anfertigung einer Dissertation; hierfür steht mindestens ein Drittel der jeweiligen Arbeitszeit zur Verfügung."

Diese Stellen werden somit meist mit der Prämisse ausgeschrieben, dass die Anfertigung einer Promotion möglich und sogar erwünscht ist. Dies hat auch zum Teil hochschulpolitische Gründe, da eine Promotion einen Sachgrund für eine Befristung der Stelle als wissenschaftliche:r Mitarbeiter:in darstellen kann. So heißt es etwa in § 28 Abs. 1 HmbHG:

> „Wissenschaftliche Mitarbeiterinnen und Mitarbeiter, die die Promotion oder eine vergleichbare Qualifikation anstreben, werden <u>in befristeten Arbeitsverhältnissen beschäftigt</u>, deren Dauer bei der ersten Anstellung grundsätzlich drei Jahre betragen soll. Im Falle einer behinderungsbedingten Verzögerung des Abschlusses soll eine angemessene Überschreitung um bis zu 18 Monate zugelassen werden. Sie werden grundsätzlich mit mindestens der Hälfte der regelmäßigen Arbeitszeit des öffentlichen Dienstes beschäftigt. <u>Ihnen ist Gelegenheit zur Vorbereitung einer Promotion oder einer vergleichbaren Qualifikation zu geben; dafür erhalten sie mindestens ein Drittel der jeweiligen</u>

Arbeitszeit. Die ihnen übertragenen Aufgaben sollen zugleich der angestrebten Qualifikation förderlich sein."

Für die Arbeit an einer Promotion soll hiernach sogar grundsätzlich ein Teil der Arbeitszeit aufgewendet werden. Dazu, wie realistisch dies ist, kommen wir in Kapitel 1 E. I. (Rn. 51 ff.). Sollte man zu einem Bewerbungsgespräch eingeladen werden, empfiehlt es sich aus unserer Sicht, ehrlich mit den eigenen Dissertationsplänen umzugehen. Seid ihr noch planlos hinsichtlich des eigenen Themas, so dürft ihr dies ruhig zugeben. Es ist nach unserer Erfahrung gerade keine Einstellungsvoraussetzungen für eine Stelle als wissenschaftliche:r Mitarbeiter:in, mit einem fertigen Exposé in der Tasche beim Bewerbungsgespräch zu erscheinen (wenn ihr natürlich ein solches schon habt: umso besser!). Allerdings sollten eure Forschungsinteressen mit den Forschungsschwerpunkten des Lehrstuhls bzw. der Professur kongruent sein oder ihr solltet zumindest ein genuines Interesse für die dort betriebene Forschung mitbringen.

45 Neben der Suche nach Stellenausschreibungen ist es auch immer möglich, Initiativbewerbungen an Professor:innen zu schreiben, die ihr ggf. von Vorlesungen und Vorträgen kennt und/oder für deren Arbeit ihr euch interessiert. Viele Professor:innen listen auf den Websites ihrer Lehrstühle auf, welche Voraussetzungen sie individuell – über die allgemeinen formalen Anforderungen der jeweiligen Universitäten – an die Betreuung von Promotionsprojekten stellen. Oft wird neben Lebenslauf und entsprechenden Noten zumindest ein kurzes Exposé oder eine Ideenskizze verlangt. Initiativbewerbungen sind also besonders dann sinnvoll, wenn ihr schon eine grobe Vorstellung habt, in welche Richtung sich eure Arbeit entwickeln soll.

2. Das Thema/ die Fachrichtung steht (zumindest in groben Zügen) fest

46 Sollte ihr bereits über ein konkretes Thema verfügen, das euch interessiert, so könnt ihr zum Finden einer Betreuungsperson die Personenverzeichnisse der juristischen Fakultäten in Deutschland nutzen. Die meisten Professor:innen bieten Sprechstunden an, zu denen man auch relativ spontan kommen kann. Allerdings empfiehlt es sich, vorab eine E-Mail zu schreiben und das eigene Forschungsvorhaben grob zu skizzieren, damit eine Gesprächsgrundlage vorhanden ist. Außerdem ist es immer besser, vorbereitet in ein Gespräch zu gehen und ein Gespräch über eine mögliche Promotion nicht „zwischen Tür und Angel" zu führen. Die meisten Professor:innen werden unserer Erfahrung nach mit Promotionsanfragen nicht gerne „überfallen" – denn für

sie ist die Betreuung einer Promotion zusätzliche Arbeit –, sondern wissen lieber im Vorhinein, was sie erwartet. Außerdem gebt ihr ihnen so die Möglichkeit, sich ebenfalls auf das Gespräch mit euch vorzubereiten und die eigenen Betreuungskapazitäten zu prüfen, was das Gespräch in den meisten Fällen produktiver machen wird.

Wichtig: Auch Professor:innen, die keine Stellen für wissenschaftli- **46a**
che Mitarbeiter:innen ausgeschrieben haben und auf ihrer Website nicht explizit zur Bewerbung als Doktorand:in auffordern, können Interesse daran haben, eure Promotion zu betreuen. Zum einen kann es gut sein, dass euer Thema die Professor:in, die:den ihr deshalb ausgewählt habt, weil sie:er zu diesem Themenbereich forscht, genuin interessiert. Zum anderen kann es sein, dass sich in absehbarer Zukunft an dem Lehrstuhl Vakanzen ergeben, die durch neue Doktorand:innen gefüllt werden können.

3. Die persönliche Ebene

Mindestens genauso wichtig wie die fachliche Ebene bei der Aus- **47**
wahl der betreuenden Person ist die persönliche Ebene.

Das Verhältnis von Doktorand:in und Betreuer:in ist – je nachdem, **47a**
ob man auch für den:die Betreuer:in arbeitet (hierzu Rn. 51 ff.) – mehr oder weniger intensiv. Allerdings solltet ihr euch stets darüber bewusst sein, dass ihr euch durch das Betreuungsverhältnis in ein hierarchisches Machtverhältnis begebt, denn die Entwicklung und Bewertung der eigenen Arbeit hängt in der deutschsprachigen Rechtswissenschaft (anders als etwa im anglo-amerikanischen Bereich) maßgeblich von der Meinung einer einzelnen Person ab. Kleinere Reibungen liegen dabei in der Natur der Sache und können auch inspirierend und befruchtend wirken. Wenn ihr aber schon absehen könnt, dass ihr mit dem Charakter einer potenziellen Betreuungsperson, ihren politischen Ansichten oder ihrer Arbeitsweise ganz grundlegend nicht klarkommen werdet, kann dies schnell zu Konflikten und Frustration führen.

Ferner hängt auch die Art der Betreuung stark von der Persönlich- **47b**
keit und Arbeitsweise der Person ab, die euch betreut. Bevor ihr euch auf die Suche nach einer Betreuungsperson begebt, könnt ihr euch daher überlegen, was eigentlich eure Vorstellungen an eine Promotionsbetreuung ist:

- Ist mir ein regelmäßiger persönlicher Austausch wichtig?
- Brauche ich eine intensive Betreuung meiner Arbeit oder möchte ich lieber möglichst viel Freiheit?

Um herauszufinden, ob die von euch gewählte Betreuungsperson zu **48**
euch und euren Vorstellungen an eine Promotionsbetreuung passt, fragt ihr am besten ehemalige Doktorand:innen oder Mitarbeiter:innen der

potenziellen Betreuungsperson nach ihren Erfahrungen. Die meisten Lehrstuhlwebseiten verfügen über ein Verzeichnis aktueller und ehemaliger Doktorand:innen und Mitarbeiter:innen. Durch Karriereportale wie XING und LinkedIn oder soziale Netzwerke wie Instagram oder Twitter ist es heute ein leichtes, in Kontakt zu kommen und unverfänglich nach ein paar Erfahrungen zu fragen, die euch ein besseres Bild vermitteln können. Ihr könnt davon ausgehen, dass die meisten Menschen sich freuen, nach ihren Erfahrungen gefragt zu werden und diese gerne weitergeben – zumal ihr ja zukünftige potenzielle Kolleg:innen sein könntet. Gleichzeitig laden wir euch dazu ein, auch selbst immer offen und hilfsbereit auf solche Anfragen zu reagieren. Denn die gegenseitige Unterstützung und Vernetzung ist gerade im universitären Umfeld wichtig. Dabei werden wahrscheinlich ehemalige Doktorand:innen, die ihre Promotion bereits beendet haben, eine ehrlichere Antwort geben können als diejenigen, die noch im Promotionsprozess und damit von eurer potenziellen Betreuungsperson abhängig sind.

49 Ihr solltet diesen Teil der Auswahl der Betreuungsperson nicht unterschätzen. Uns sind einige ehemalige Promovierende bekannt, die ihre Arbeit abgebrochen haben, weil sie mit ihrer Betreuungsperson nicht klarkamen und mit ihr immer wieder aneinandergerieten.[20] Versucht also euch vorher bestmöglich zu informieren, damit ihr wisst, worauf ihr euch einlasst.

E. Die Finanzierung

50 Mit dem Entschluss zur Abfassung einer Dissertation stellt sich unweigerlich die Frage nach der Finanzierung der Promotion. Eine Promotion ist – wie auch ein Studium – ein Zeitinvestment, das nicht vergütet wird. Allerdings gibt es bei einer rechtswissenschaftlichen Promotion mannigfaltige Möglichkeiten, sich selbst vollständig finanzieren zu können, von denen wir hier die relevantesten vorstellen möchten.

[20] Solltet ihr wider Erwarten doch in einen Konflikt mit eurer Betreuungsperson geraten, bedeutet das natürlich nicht, dass ihr zwangsläufig die Promotion abbrechen müsst. Hier habt ihr einerseits die Möglichkeit, euch an die Ombudsstelle oder das Gleichstellungsreferat (bei genderspezifischen Problemen) eurer Universität zu wenden und zur Not auch über einen Betreuungswechsel nachzudenken. Hierzu auch unter Rn. 59a und Rn. 170 ff.

I. Die Arbeit als an einem Lehrstuhl

Die wissenschaftliche Mitarbeit an einem Lehrstuhl stellt wohl den klassischsten Weg der Finanzierung einer Promotion dar. So finanzieren bzw. finanzierten unseren *beiden Umfragen* nach ca. 37% der Promovierenden und Promovierten ihre Promotion ganz oder teilweise über die Mitarbeit an einem Lehrstuhl. 51

Auch wir, *Jan* und *Daria*, haben an den Lehrstühlen unserer Doktorväter gearbeitet. Dies hat einige Vorteile, aber auch Nachteile, die ihr euch einmal bewusst machen und gegeneinander abwägen solltet.

1. Das Gehalt

Wissenschaftliche Mitarbeiter:innen werden zumeist nach Entgeltgruppe 13 des TV-L, also des Tarifvertrags der Länder bezahlt. Dies bedeutet bei einer Vollzeitstelle für eine unverheiratete Person ohne Kinder und relevante Berufserfahrung bspw. in Hamburg ein Monatseinkommen von netto 2.650,41 €. Allerdings werden die meisten Stellen nicht als Vollzeitstellen, sondern nur mit einer wöchentlichen Arbeitszeit von 50% ausgeschrieben, was ein Monatseinkommen von netto 1.497,58 € bedeutet. Wie bereits erwähnt (Rn. 44) sind diese Stellen in der Regel auf drei Jahre befristet, wobei eine Verlängerungsoption für weitere drei Jahre besteht. Allerdings wird diese nicht pauschal gewährt, sondern muss nach Ablauf der ersten drei Jahre jedes Jahr erneut begründet werden – wobei die Begründung meistens in der noch nicht abgeschlossenen Promotion liegt, sodass dies im Regelfall kein Problem darstellen sollte. Die Finanzierung der Dissertation ist mit einer Anstellung am Lehrstuhl als wissenschaftliche Mitarbeiter:innen also für 3–6 Jahre gesichert.[21] 52

2. Die Arbeit

Die Arbeit an einem Lehrstuhl beinhaltet verschiedene Aufgaben. In erster Linie unterstützen die wissenschaftlichen Mitarbeiter:innen die Forschung und Lehre des:r Professor:in, für die:den sie arbeiten. Die Spannbreite geht hier vom bloßen Korrekturlesen und Aktualisieren von Fußnoten über das Korrigieren von Klausuren und Seminararbeiten bis hin zur eigenständigen inhaltlichen Mitarbeit an Veröffentli- 53

---

[21] An manchen Universitäten werden Doktorand:innen auch über Verträge als studentische Hilfskräfte an den Lehrstuhl angebunden. Wenn euch dieses Angebot gemacht wird, solltet ihr euch gut über die Konditionen informieren – denn die Arbeit als studentische Hilfskraft erfolgt auf Stundenbasis und kann stärker befristet werden als die Stelle als wissenschaftliche:r Mitarbeiter:in.

chungen und Gutachten. Auch die Vertretung des:r Professor:in in Lehrveranstaltungen und Klausurbesprechungen kann zum Aufgabenportfolio gehören.

54 Wie genau die Arbeit ausgestaltet ist, hängt stark von Persönlichkeit und Arbeitsweise des Professors oder der Professorin ab. Manche Professor:innen delegieren gerne ganze Aufgabenblöcke wie etwa die Überarbeitung einer Kommentierung, wohingegen andere alle Fäden in der Hand behalten und in aller Regel nur kleinere Zuarbeiten wünschen. Hiervon hängt auch wesentlich die konkrete Arbeitsbelastung ab. Dabei fallen Theorie und Praxis häufig auseinander: Bei einer 50%-Stelle beträgt die vertraglich vereinbarte Arbeitszeit 19,5 Stunden, wovon 1/3 für die Anfertigung der Dissertation aufgewendet werden dürfen. Das heißt es bleiben auf dem Papier 13 Stunden pro Woche für die Lehrstuhlarbeit. Wir kennen aber niemanden, bei dem:r dies auch genau so eingehalten wird. Es ist häufig so, dass zu bestimmten Zeitpunkten (Buchabgaben, Semesterbeginn) viel Arbeit am Lehrstuhl anfällt und in diesen Phasen Vollzeit nur für den Lehrstuhl gearbeitet wird. Dafür gibt es aber auch genauso Phasen (Semesterferien, Forschungssemester des:r Professors:in), in denen keine Aufgaben anfallen und nur für die eigene Dissertation gearbeitet werden kann. Für Personen, die eine klare Struktur à la „Montag bis Mittwoch arbeite ich an der Dissertation und Donnerstag und Freitag für den Lehrstuhl" wollen, ist die Arbeit daher nicht unbedingt bzw. nur nach Absprache mit dem:der jeweiligen Professor:in zu empfehlen. Eine derart klare Struktur ist aber eher bei der Mitarbeit in einer Kanzlei möglich (Rn. 61 ff.). Wie genau die Arbeitssituation an dem Lehrstuhl ist, solltet ihr bestenfalls vorab durch Nachfrage bei aktuellen und ehemaligen Mitarbeiter:innen klären.

55 Neben den Aufgaben am Lehrstuhl kommt regelmäßig noch die eigene Lehrverpflichtung und das Beaufsichtigen von Klausuren hinzu. Ihre Lehrverpflichtung erfüllen die meisten nichtpromovierten Mitarbeiter:innen durch das Halten von vorlesungsbegleitenden Arbeitsgemeinschaften in der grundständigen Lehre des Privatrechts, Öffentlichen Rechts oder Strafrechts. Bei einer 50%-Stelle ist dabei eine Arbeitsgemeinschaft pro Semester (= 2 SWS) üblich. Ihr solltet euch also überlegen, ob ihr darauf Lust habt zu unterrichten. Ihr solltet euch vergegenwärtigen, dass das, was ihr in der Arbeitsgemeinschaft unterrichten werdet, nämlich die juristischen Grundkurse, wahrscheinlich nichts mit eurem Promotionsthema zu tun haben wird. Dafür tragt ihr Verantwortung für die Ausbildung junger Jurist:innen. Wenn ihr Freude daran habt, Wissen zu vermitteln, kann das Unterrichten sehr viel Spaß bereiten. Viele Universitäten bieten zudem didaktische Fortbildungskurse an. Falls ihr zudem mit einer wissenschaftlichen Karriere liebäugelt, empfiehlt es sich, eure Lehrveranstaltungen evaluieren zu lassen, da bei späteren Ausschreibungen für Professuren bisherige Lehrtätigkeiten und Lehrevaluationen häufig angefragt werden.

3. Die Vorteile

Die Arbeit an einem Lehrstuhl hat einige gewichtige Vorteile für **56** das Abfassen einer Dissertation. Zum einen bietet die Arbeit finanzielle Sicherheit, da ihr zwar nicht übermäßig bezahlt, aber zunächst fest für drei Jahre im öffentlichen Dienst angestellt werdet und somit eine gewisse Planungssicherheit habt. Hinzu kommt, dass ihr wichtige Anregungen für eure eigene Arbeit erhalten könnt, wenn die Lehrstuhlarbeit in derselben Fachrichtung angesiedelt ist wie eure Promotion. Auch wenn die Themen, zu denen man promoviert und die Themen, die man für den Lehrstuhl bearbeitet, nicht genau deckungsgleich sind, so gibt es doch durchaus oft systematische Überschneidungen. Zudem wird an Lehrstühlen grundsätzlich wissenschaftlich gearbeitet und ihr könnt euch von eurem:r Chef:in und euren Kolleg:innen einiges für eure eigene Arbeit abschauen, gerade was Formalia, Stil und Literaturrecherche betrifft.

Ein weiterer Vorteil ist, dass ihr als wissenschaftliche:r Mitarbei- **57** ter:in in der Regel einen festen Arbeitsplatz in der Universität habt. Zudem ist es wissenschaftlichen Mitarbeiter:innen an den meisten Universitäten möglich, auch in Präsenzbibliotheken Bücher über einen längeren Zeitraum auszuleihen, wohingegen dies externen Doktorand:innen häufig verwehrt bleibt. Darüber, wie dies an eurer Universität gehandhabt wird, solltet ihr euch allerdings am besten vorab informieren.

Jan: *Ich habe keinen Satz meiner Dissertation außerhalb meines Büros in der Universität geschrieben. Dort hatte ich einen großen Schreibtisch und mehrere Regale, die zur Hochphase meiner Arbeit an der Dissertation mit mehr als 250 Büchern aus der rechtswissenschaftlichen Bibliothek gefüllt waren. Brauchte ich dennoch ein Buch, konnte ich schnell in die Bibliothek rübergehen und es ausleihen. Dies war ein nicht zu unterschätzender Vorteil. Wenn ich bei der Arbeit an der Dissertation unbedingt eine Quelle brauchte, ohne die ich nicht weiterarbeiten konnte, hatte ich stets schnellen Zugriff (auch außerhalb der Öffnungszeiten der Bibliothek). Erzwungene Arbeitsunterbrechungen gab es daher für mich nur in ganz seltenen Fällen (Fernleihe kann sehr nervig werden). Zudem hatte ich eine Kollegin in meinem Büro mit der ich mich fachlich austauschen konnte.*

58 Durch die Arbeit an einem Lehrstuhl ist es generell sehr viel einfacher, mit anderen Doktorand:innen in Kontakt zu kommen. Dies hilft euch auch dabei, euer eigenes Netzwerk aufzubauen und Kolleg:innen zu finden, mit denen ihr euch austauschen oder denen ihr auch einfach mal euer Leid klagen könnt. Zudem befindet ihr euch in einem „akademischen Umfeld“, in dem viele kluge Köpfe mit Ernsthaftigkeit an ihren eigenen Projekten arbeiten. Diese Atmosphäre kann inspirierend wirken und für die eigene Arbeit zusätzlich motivieren.

4. Die Nachteile

59 Neben den gerade benannten Vorteilen kann die Arbeit am Lehrstuhl jedoch auch Nachteile mit sich bringen, die wir hier nicht verschweigen möchten. So ist das Fortkommen der eigenen Dissertation maßgeblich von der Arbeitslast am Lehrstuhl abhängig. Es gibt Doktorand:innen, die Monate, wenn nicht gar Jahre, nur sporadisch an ihrer Promotion arbeiten können, weil sie mit Lehrstuhlaufgaben überschüttet werden. Eine geringere Arbeitslast einzufordern, um sich der eigenen Dissertation widmen zu können, scheitert oft daran, dass der:die Lehrstuhlinhaber:in auch gleichzeitig die Dissertation betreut und man sich deshalb keine Blöße geben möchte oder eine schlechte Bewertung der Dissertation befürchtet. Es ist eine Typenfrage, wie souverän man damit umgehen kann. Häufig ist es auch nicht der „böse Wille“ des:r Professor:in, die:der euch gezielt ausbeuten will. Vielmehr unterschätzen viele Professor:innen, die bereits jahrzehntelang wissenschaftlich arbeiten, wie hoch der Arbeitsaufwand für Personen ist, die gerade erst mit dem wissenschaftlichen Arbeiten vertraut werden.[22] Auch diesbezüglich ist es hilfreich, sich vorab bei Mitarbeiter:innen des Lehrstuhls über die konkrete Arbeitsbelastung zu informieren. Wie bereits oben erwähnt, ist die Arbeit an einem Lehrstuhl abseits der generellen Arbeitslast geprägt von Hoch- und Tiefphasen, auf die ihr euch einstellen müsst.

59a Kurz möchten wir hier in diesem Zusammenhang auch etwas zum Thema Machtmissbrauch und #metooscience[23] sagen. Beide Themen sind in letzter Zeit verstärkt auch ins öffentliche Bewusstsein geraten.[24]

---

[22] Solltet ihr in solch eine Situation geraten, empfiehlt es sich, eure Arbeitsüberlastung offen anzusprechen und gemeinsam zu versuchen, eine Lösung zu finden.

[23] https://www.instagram.com/metooscience/?igshid=YmMyMTA2M2Y%3D (Zuletzt geprüft 28.02.2023).

[24] Zeit-Online: Arbeitsbedingungen in der Forschung – Hast du Machtmissbrauch erlebt?, https://www.zeit.de/campus/2022-08/arbeitsbedingungen-forsch

Fakt ist, dass ihr euch mit einer Promotion, gerade wenn das Thema euch persönlich wichtig, vielleicht sogar ein „Herzensprojekt“ ist, und/oder ihr eine wissenschaftliche Karriere anstrebt, in ein fragiles Abhängigkeitsverhältnis zu eurer Betreuungsperson begebt. Ihr seid auf die Unterstützung und das Feedback eurer Betreuungsperson angewiesen, die am Ende eure Arbeit auch bewertet. Wenn ihr als Promovierende nun zusätzlich noch am Lehrstuhl eures Doktorvaters bzw. eurer Doktormutter arbeitet, begebt ihr euch damit in ein doppeltes Abhängigkeitsverhältnis: einerseits aufgrund der Dissertation, andererseits aufgrund der Lehrstuhlarbeit. Dies muss nicht immer problematisch sein, sondern kann im Gegenteil zu einem besonders fruchtbaren Austausch führen (s. Rn. 56 ff.). Andersherum kann es aber auch passieren, dass Lehrstuhlarbeit und positive Benotung der Dissertation (bewusst oder unbewusst) verknüpft werden. Und leider gibt es auch einige Fälle, in denen die Betreuungsperson ihre Machtstellung in ungebührlicher Art und Weise ausnutzt. Es kann daher auch ratsam sein, die (wissenschaftliche Mit-)Arbeit und die Betreuung der Dissertation zu trennen, das heißt, an einem Lehrstuhl oder in einer Kanzlei zu arbeiten und an einem anderen Lehrstuhl zu promovieren. Dies ist grundsätzlich möglich und wird euch auch in aller Regel nicht negativ angekreidet werden.

Zudem ist zu beachten, dass die Arbeit an einer Dissertation ein **60**
langwieriger und streckenweise frustrierender Prozess ist. Es kann passieren, dass ihr über Monate nichts oder nur wenig zu Papier bringt. Wenn ihr dazu neigt, euch mit anderen zu vergleichen, kann dies zu Verunsicherung führen, wenn die Kolleg:innen am Lehrstuhl (vermeintlich) schneller mit ihren Arbeiten vorankommen als ihr. Bei der Mitarbeit an einem Lehrstuhl ist man unweigerlich in einer direkten Konkurrenzsituation zu den anderen Mitarbeiter:innen. Dies kann motivierend und anspornend wirken, man kann sich gegenseitig unterstützen und helfen. Es kann aber auch zu Neid, Stress und Druck führen. Kann man solchen Vergleichen als normale:r Doktorand:in noch relativ einfach aus dem Weg gehen und sich zurückziehen, so ist dies als Mitarbeiter:in an einem Lehrstuhl ungleich schwieriger.

---

ung-uni-machtmissbrauch-aufruf; *Eberle, Lukas/Löffler, Juliane*: Hat der Wissenschaftsbetrieb ein #MeToo-Problem, Spiegel-Online, https://www.spiegel.de/panorama/bildung/uni-koeln-belaestigungsvorwuerfe-professor-in-unterhosen-a-2bdb1cd7-f9b1-4e97-994f-40f076ee3974?sara_ecid=soci_upd_KsBF0AFjflf0DZCxpPYDCQgO1dEMph.

II. Die Arbeit in der freien Wirtschaft

61 Neben der Arbeit an einem rechtswissenschaftlichen Lehrstuhl stellt die wissenschaftliche Mitarbeit in der freien Wirtschaft und bei anderen Institutionen (bspw. Parteien) einen weiteren Weg dar, die eigene Promotion zu finanzieren. In den von uns durchgeführten *Umfragen* gaben *17% der Promovierenden* an, dass sie sich auf diese Weise ihre Promotion ganz oder teilweise finanzieren würden. Bei den *Promovierten waren es 9%*. Ob dieser Weg überhaupt beschritten werden kann, hängt sicherlich auch vom eigenen Standort ab. In Städten wie Hamburg, Berlin, München, Frankfurt, Köln und Düsseldorf ist aufgrund der hohen Kanzleidichte ein großes Angebot von Stellen für wissenschaftliche Mitarbeiter:innen vorhanden. In kleineren Universitätsstädten sieht dies freilich anders aus. Bei den Stellen als wissenschaftliche:r Mitarbeiter:in außerhalb des universitären Umfelds handelt es sich überwiegend um Stellen in Großkanzleien, weswegen wir im Folgenden auch unseren Fokus hierauf legen werden.

1. Das Gehalt

62 Genauso wie das Gehalt für Anwält:innen in größeren Kanzleien ist auch das Gehalt von wissenschaftlichen Mitarbeiter:innen relativ transparent und kann auf verschiedenen Webportalen eingesehen werden.[25] Das Gehalt für wissenschaftliche Mitarbeiter:innen bewegt sich dabei laut der öffentlichen Angaben zwischen 450 und 1.500 EUR pro Wochenarbeitstag.[26] Die Höhe des Gehalts hängt davon ab, ob ihr das erste oder zweite Juristische Staatsexamen absolviert habt sowie von der Art und Größe der Kanzlei. Die Angaben des Gehalts beziehen sich dabei meist auf ein Gehalt pro Wochenarbeitstag. Ist als Gehalt bspw. 800 EUR pro Wochenarbeitstag angegeben, meint dies, dass, wenn ihr nur einen Tag die Woche für die Kanzlei arbeitet, der Monatslohn bei 800 EUR liegt. Sind es zwei, sind es 1.600 EUR usw. Der eigene Verdienst kann also individuell gesteuert werden und ist im Regelfall höher als bei der Mitarbeit an einem Lehrstuhl.

2. Die Arbeit

63 Das Aufgabenspektrum für wissenschaftliche Mitarbeiter:innen in Kanzleien ist breit gefächert, aber meistens doch überschaubarer als die

---

[25] Zu nennen wäre hier bspw. die Azur: https://www.azur-online.de/gehalt/gehaelter-fuer-wissenschaftliche-mitarbeiter-nach-dem-1-examen/ (zuletzt geprüft 28.02.2023).

[26] Stand Januar 2023.

Aufgaben an einem Lehrstuhl, da man in Kanzleien in eine größere Struktur eingebettet ist. Es reicht von einfachen Recherchetätigkeiten („Schau doch mal bitte, ob du in beck-online etwas zu Folgendem findest …"), über das Ausfüllen von Excel-Tabellen bis hin zu eigenständiger Mitarbeit an Mandaten. Was genau euch erwartet, hängt sehr vom Rechtsgebiet ab, in dem ihr tätig werdet und von eurer eigenen Expertise auf diesem Gebiet. Entgegen der Tätigkeitsbezeichnung ist ein Großteil der Aufgaben in einer Kanzlei nicht besonders „wissenschaftlich". In einer großen Wirtschaftskanzlei kommt es auf andere Kompetenzen an als in der Universität. Die Taktung der Arbeit ist häufig wesentlich schneller. Es kann sein, dass ihr einen halben Tag im Büro sitzt und nichts zu tun habt (und dann an eurer Dissertation arbeiten könnt), aber dann plötzlich von drei verschiedenen Seiten Arbeitsaufträge bekommt, die euch bis weit in den Abend hinein beschäftigen. Oft sitzen die wissenschaftlichen Mitarbeiter:innen in größeren Kanzleien auch in einem Gemeinschaftsbüro oder der Bibliothek, sodass Aufgaben von den verschiedenen Anwält:innen auf den gesamten Pool an Mitarbeiter:innen verteilt werden können.

Jan: *Als Rechtsanwalt habe ich vor allem dann Aufgaben an Wissenschaftliche Mitarbeiter:innen gegeben, wenn ich selbst unter Zeitdruck stand. Dies brachte es häufig mit sich, dass ich für mich eher störende „Fleißaufgaben", wie Übersetzungen, das Korrekturlesen von Schriftsätzen und kleinere Recherchen delegierte. Der inhaltliche Mehrwert dieser Arbeiten war für die Ausführenden meist eher überschaubar. Gleichzeitig gab es aber auch immer wieder Fälle, in denen man besonders gute Wissenschaftliche Mitarbeiter:innen tatsächlich in ein Mandat einbinden und ihnen die eigenständige Bearbeitung von inhaltlich anspruchsvollen Aufgaben überlassen konnte.*

Daria: *Zwischen der schriftlichen und der mündlichen Prüfung des ersten Staatsexamens habe ich als wissenschaftliche Mitarbeiterin in einer Großkanzlei gearbeitet. Ich hatte insofern Glück, als dass ich an einem theoretisch fundierten Aufsatz für die Kanzlei schreiben durfte und deshalb von kurzfristigen Recherche-Aufträgen verschont geblieben bin. Auch konnte ich mir so die Zeit sehr selbstbestimmt einteilen. Hier ist ganz entscheidend, für wen ihr arbeitet – dies würde ich mir im Vorhinein genau anschauen. Mein Eindruck ist, dass man hier einen guten Deal machen kann, wenn man es schafft, eine klare Grenze zwischen Kanzlei-Tagen und Dissertations-Tagen zu ziehen und diese auch von beiden Seiten eingehalten wird. Dies sollte ihr am besten schon im Bewerbungsgespräch klar kommunizieren und euch dann im Laufe der Kanzleiarbeit – die kurzweilig ist und auch viel Spaß machen kann, weil ihr schnelle Erfolge erzielt, die ihr bei der Arbeit an einer*

Promotion typischerweise nicht erzielen werdet – immer wieder daran erinnern, um euch nicht von der anwaltlichen Arbeit „einsaugen" zu lassen.

3. Die Vorteile

64 Die Arbeit in einer Kanzlei hat einige Vorteile. Zum einen ist – wie bereits erwähnt – das Gehalt häufig wesentlich höher als bei der Mitarbeit an einem Lehrstuhl. Auch findet eine klarere Trennung zwischen Promotion und der Arbeit zur Finanzierung der selbigen statt. Ein weiterer Vorteil ist, dass ihr euch über die wissenschaftliche Mitarbeit in einer Kanzlei die dortige Arbeit anschauen und herausfinden könnt, ob dies für euch in Zukunft langfristig in Frage kommt. Falls ja habt ihr bereits während der Promotion die Möglichkeit, eure:n potenzielle:n spätere:n Arbeitgeber:in von der Qualität eurer Arbeit zu überzeugen.

4. Die Nachteile

65 Nachteilig kann es sein, dass sich häufig nur wenige inhaltliche und methodische Synergieeffekte zwischen der Arbeit in der Kanzlei und der eigenen Promotion ergeben werden. Nach unserer Erfahrung – und sicher gibt es da auch Ausnahmen – hat die wissenschaftliche Mitarbeit in einer Großkanzlei für die Dissertation meist keinen besonderen Mehrwert, da sie zumeist eher themenfern ist und in erster Linie Hilfstätigkeiten umfasst.

66 Auch ist der Arbeitsdruck teilweise sehr hoch. So kann es sein, dass ihr als wissenschaftliche:r Mitarbeiter:in bis weit nach 20 Uhr arbeiten müsst. Zudem neigen Kanzleien unserer Erfahrung nach dazu, wissenschaftliche Mitarbeiter:innen dazu zu bewegen, zumindest am Beginn ihrer Tätigkeit mindestens drei bis vier Tage die Woche in der Kanzlei zu arbeiten. Dies ergibt aus Sicht der Kanzlei Sinn, damit ihr mit den Vorgängen in der Kanzlei vertraut werdet. Es kann aber dazu führen, dass dadurch die Arbeit an eurer Dissertation zu kurz kommt. Denn wenn ihr bereits 3–4 Tage in der Woche intensiv und lange gearbeitet habt, so ist die Versuchung relativ groß, den Rest der Woche ruhiger anzugehen – zumal bei einer Promotion kein unmittelbarer äußerer Druck herrscht.

67 Im Kanzleiumfeld fehlt zudem häufig der Austausch mit anderen jungen Wissenschaftler:innen. So werdet ihr dort tendenziell weniger von Ausschreibungen für wissenschaftliche Tagungen und Kolloquien mitbekommen als an der Universität.

III. Die berufsbegleitende Promotion

Sowohl *10% der Promovierenden als auch der Promovierten* gaben in unseren *Umfragen* an, dass sie berufsbegleitend promoviert hätten. In diesem Fall ist die Promotion nicht die Hauptbeschäftigung und dient der Job nicht in erster Linie der Finanzierung der Promotion, sondern wird die Arbeit an einer Promotion neben einer normalen Erwerbstätigkeit aufgenommen. Gleichwohl haben wir diese Option auch hier unter dem Thema Finanzierung eingeordnet. Von dieser Variante würden wir aber eher abraten. **68**

Jan: *Aus meinem persönlichen Umfeld ist mir diese Konstellation in erster Linie bei zwei Personen bekannt, die ihre noch unfertige Arbeit in den Job mitgenommen haben und versuchen, diese in ihrer Freizeit fertig zu schreiben und des Öfteren über die Mehrbelastung fluchen.*

Daria: *In meiner Anwaltsstation im Rahmen des Referendariats bei einer Strafrechtskanzlei habe ich einige Personen kennengelernt, die eine Dissertation angefangen und nie beendet haben, weil sie neben der Tätigkeit als Strafverteidiger:in schlichtweg keine Zeit gefunden haben. Gerade die anwaltliche Tätigkeit ist so einnehmend und zeitintensiv, dass daneben kaum Zeit für eine Dissertation bleibt.*

Gerade als Jobeinsteiger:in erscheint eine derartige Doppelbelastung grundsätzlich nicht empfehlenswert. Etwas anderes ist es, wenn die Promotion durch den:die Arbeitgeber:in fest in die betrieblichen Strukturen integriert ist. So gibt es bspw. einige Anwaltskanzleien, die spezifische Promotionsmodelle anbieten.[27] Ein solcher Weg kann dann zu empfehlen sein, wenn ihr in erster Linie wegen des Titels promovieren wollt. **69**

IV. Das Stipendium

Ein weiterer Weg, die eigene Promotion zu finanzieren, stellt ein Promotionsstipendium dar. Diesen Weg haben laut unserer Umfrage *15% der Promovierten* und *16% der aktuell Promovierenden* gewählt. Der Vorteil eines Stipendiums liegt klar auf der Hand. Ihr bekommt Geld, ohne dafür eine unmittelbare Gegenleistung in Form von Arbeit erbringen zu müssen. Wie viel Geld es gibt, unterscheidet sich von **70**

---

[27] So bietet die Kanzlei Gleiss Lutz etwa ein Promotionsmodell an, bei dem eine Freistellung für maximal ein Jahr möglich ist und die Hälfte der Bezüge fortgezahlt und nach Wiedereinstieg verrechnet wird. Es soll an dieser Stelle betont werden, dass hier keine einzelne Kanzlei hervorgehoben werden soll. Es war nur das erste Angebot, auf das wir bei der Recherche gestoßen sind.

Institution zu Institution. Dabei sind die Stipendiengebenden zu großen Teilen konfessions- oder parteinah. Folgende große Begabtenförderwerke gibt es in Deutschland:

- Avicenna-Studienwerk (muslimisch)
- Cusanuswerk (katholisch)
- Evangelisches Studienwerk Villigst (evangelisch)
- Ernst-Ludwig-Ehrlich Studienwerk (jüdisch)
- Friedrich-Ebert-Stiftung (SPD-nah)
- Friedrich-Naumann-Stiftung (FDP-nah)
- Hans-Seidel-Stiftung (CSU-nah)
- Hans-Böckler-Stiftung (gewerkschaftsnah)
- Heinrich-Böll-Stiftung (Grünen-nah)
- Konrad-Adenauer-Stiftung (CDU-nah)
- Rosa-Luxemburg-Stiftung (Die Linke-nah)
- Studienstiftung des deutschen Volkes

71 Die Fördersumme beläuft sich bei all diesen Institutionen in der Regel auf 1.450 EUR pro Monat, wobei es Familien- und Kinderzuschläge sowie Zuschläge für die gesetzliche Krankenkasse gibt.[28] Die Dauer der Förderung beläuft sich in aller Regel auf 2–4 Jahre. Die oben genannten Begabtenförderwerke haben – bis auf die Studienstiftung des deutschen Volkes – jeweils eine bestimmte politische oder religiöse Ausrichtung und erwarten von ihren Bewerber:innen neben exzellenten Noten, dass sich diese mit der inhaltlichen Ausrichtung der Stiftung identifizieren. Diese Identifikation kann sowohl durch den bisherigen Lebenslauf als auch durch das Thema der Promotion nachgewiesen werden. Mit einer Arbeit zu den steuerrechtlichen Aspekten von M&A Deals solltet ihr daher vielleicht nicht unbedingt bei der Rosa-Luxemburg-Stiftung vorstellig werden und mit einer Arbeit über Paschukanis und sozialistische Rechtstheorie nicht unbedingt bei der Hans-Seidel-Stiftung. Andersherum solltet ihr auch immer selbst kritisch prüfen, ob ihr euch mit der Ausrichtung der Stiftung identifizieren könnt. Denn die Gegenleistung, die ein Stipendium von euch verlangt, ist, dass eure Arbeit ideell mit der Stiftung in Verbindung gebracht wird – und ihr könntet euch später im Leben darüber ärgern, dass ihr damals eine Stiftung gewählt habt, deren politische oder religiöse Ausrichtung ihr nicht teilt. Denkt immer daran, dass eine Promotion ein Lebenswerk ist.

72 Neben der finanziellen Förderung bieten diese Institutionen in der Regel auch eine ideelle Förderung in Form von Bildungsveranstaltungen und eigenen Netzwerken an. Dies kann sehr hilfreich sein, wenn man im späteren Leben einer Person begegnet, die von derselben

---

[28] Stand Januar 2023.

Stiftung gefördert wurde und man damit gleich eine gemeinsame Schnittmenge hat.

Die Stipendiengebenden bezwecken mit der Vergabe des Stipendiums, Personen, die sie fördern möchten, die ungestörte Arbeit an der Promotion zu ermöglichen, ohne nebenher zwecks Finanzierung einem Job nachgehen zu müssen. Damit verbunden ist aber auch die Erwartung von Seiten der Stiftungen, dass sich die von ihnen geförderten Personen vorrangig der eigenen Arbeit widmen. Mit der Gewährung eines Stipendiums geht daher in aller Regel die Bedingung einher, dass Nebentätigkeiten nur in einem sehr geringen Umfang ausgeübt werden dürfen. Dieser liegt außerhalb von Wissenschaft und Forschung zumeist bei 5 Wochenstunden. Bei der Arbeit als wissenschaftliche:r Mitarbeiterin an einer Hochschule darf bis zu zehn Wochenstunden gearbeitet werden, was einer 25%-Stelle an einem Lehrstuhl entspricht. Stipendiat:innen eines solchen Begabtenförderungswerks müssen zudem in bestimmten Zeitabständen über den Fortgang ihrer Arbeit berichten. Ein Zweitstudium darf neben dem Stipendium meistens nicht aufgenommen werden. **73**

Der zentrale Vorteil eines solchen Stipendiums ist finanzielle Freiheit. Es bleibt damit mehr Zeit sich der eigenen Dissertation zu widmen. Ein weiterer Vorteil ist, dass sich eine Förderung durch die oben genannten Institutionen gut im Lebenslauf macht, weil sie potenziellen Arbeitgeber:innen zeigt, dass eine renommierte Institution euch und euer Projekt für förderungswürdig empfunden hat. Gleichzeitig solltet ihr eben auch bedenken, dass ihr – außer als Stipendiat:in der Studienstiftung – mit der Angabe des Begabtenförderwerks ein gewisses Bild der eigenen konfessionellen oder politischen Ausrichtung bei eurem Gegenüber erzeugen werdet, ob dies nun zutreffend ist oder nicht. **74**

Neben den Begabtenförderwerken bieten auch andere Institutionen wie Universitäten und Stiftungen Stipendien für Promovierende an. Dies sind unter anderem: **75**

- Landesgraduiertenstipendien (Diese werden in den jeweiligen Bundesländern über die Universitäten angeboten). Der Förderungsbetrag ist dabei in etwa so hoch, wie bei den Begabtenförderwerken und wird von den einzelnen Bundesländern in Verordnungen oder Gesetzen festgelegt. Für nähere Informationen reicht es das eigene Bundesland bzw. die Universität + den Begriff Landesgraduiertenstipendium zu googlen.
- An der LMU München (kein fester Förderbetrag):
  - Dr. Democh-Maurmeier-Stipendienstiftung
  - Franz von Holtzendorff'sche Stiftung
  - Hasemann-Stiftung
  - Heinz und Sybille Laufer-Stiftung

  - Leonhard Moll-Stiftung
  - Rolf-Weber-Stiftung
  - Walburga Riedl-Stiftung
- Loschelder Promotionsstipendium (1.500 EUR pro Monat + Arbeitsplatz in der Kanzlei in Köln sowie Einbindung in die Kanzleiarbeit)
- Stipendium der Albrecht Mendelssohn Bartholdy School of Law in Hamburg[29]

Diese Aufzählung ist sicher nicht abschließend. Die Welt der Stipendien ist äußerst divers. Diejenigen Leserinnen, die bedürftige Töchter bayerischer Staatsbeamt:innen sind, dürfen sich bspw. Hoffnungen auf eine Förderung durch die Emilie Porzer'sche Stiftung machen.[30] Was mit dieser Aufzählung betont werden soll, ist, dass der Erhalt eines Stipendiums keine unerreichbare Wunschvorstellung, sondern durchaus realistisch ist, wenn ihr bereit seid, etwas Zeit in die Recherche zu investieren. Dann werdet ihr wahrscheinlich viele verschiedene, euch bis dato unbekannte Fördertöpfe entdecken, die zu euch und eurem Projekt passen könnten. Es lohnt sich hier auch, die Studienberatungen der Universitäten in Anspruch zu nehmen und sich vollumfänglich beraten zu lassen.

Jan: *Ich bin drei Jahre lang in den Genuss eines Stipendiums der Albrecht Mendelssohn Bartholdy School of Law gekommen. Hierbei handelt es sich um ein international und interdisziplinär ausgerichtetes Doktorandenkolleg an der Universität Hamburg. Neben der finanziellen Förderung besuchten wir spezielle für uns angebotene Kurse zu rechtlichen Grundlagen. Hinzu kam ein wöchentliches Kolloquium, in dem jede:r Doktorand:in zu Beginn und am Ende des eigenen Dissertationsprojekts die Arbeit in großer Runde mit anschließender Diskussion vorstellen durfte. Neben der finanziellen Förderung habe ich diese Aspekte als sehr bereichernd empfunden, weil sie der Zeit der Promotion eine gewisse Struktur gegeben haben.*

76 Neben Stipendien, die einen dauerhaft während der Promotionszeit fördern, gibt es auch solche, die nur einen bestimmten Abschnitt (Abschlussstipendium) oder einen bestimmten Teil (Druckkostenzuschuss, Auslandsstipendium) der Promotion finanzieren. Bei einem Abschlussstipendium handelt es sich um eine oft von der eigenen Universität kommende Förderung, die meist auf ein Jahr ausgelegt ist und den

---

[29] Dieses hatte *Jan*.

[30] https://www.e-fellows.net/Studium/Stipendien/Stipendien-Datenbank/Emilie-Porzer-sche-Stiftung/Foerderung-von-beduerftigen-Toechtern-bayerischer-Staatsbeamter.

Abschluss der Promotion ermöglichen soll. Ein solches Stipendium bietet sich vor bspw. dann an, wenn ihr zeitlich aus einem Stipendienprogramm gefallen seid oder eine befristete Anstellung vor Abschluss der Promotion geendet hat. Auf die Themen Druckkostenzuschuss (Rn. 218 ff.) und Auslandsstipendium (Rn. 135) werden wir in den jeweiligen Kapiteln eingehen.

Ein Stipendium kann anstatt in einer monatlichen Dauerförderung **77** zur Sicherung der Lebenshaltungskosten zudem auch in der Form erfolgen, dass für das gesamte Projekt eine Fördersumme bereitgestellt wird.

Daria: *Ich hatte das große Glück, von der Andrea von Braun Stiftung (AvB) gefördert zu werden. Die AvB ist weniger bekannt und ich bin eher zufällig durch einen guten Freund darauf aufmerksam geworden. Die AvB fördert gezielt Vorhaben, die sich an der Grenze von Kunst und Wissenschaft bewegen und einen hohen interdisziplinären Bezug aufweisen. Das Stipendium der AvB hat Materialkosten, einen Großteil der Uraufführung, Forschungsreisen sowie Druckkosten gezahlt und mir damit ermöglicht, das in meiner Dissertation enthaltene Theaterstück selbst zu inszenieren. Gerade für unkonventionelle Projekte bietet es sich an, nach thematisch einschlägigen Stipendiengeber:innen zu suchen, da diese oftmals eine höhere Flexibilität ermöglichen als konventionelle Stipendiengeber:innen. Die AvB hat es mir auch erlaubt, eine halbe Stelle am Lehrstuhl zu haben und Philosophie zu studieren, was etwa bei der Studienstiftung nicht möglich gewesen wäre (dort darf man höchstens eine 25%-Stelle haben und nicht nebenher studieren).*

V. Eigenfinanzierung

Schließlich gibt es noch die Möglichkeit, die Promotion aus eigenen **78** Mitteln (Rücklagen, Verwandte, Kredit) zu finanzieren. Diesen Weg wählten 15% der von uns befragten Promovierenden und 20% der von uns befragten Promovierten. Diese Möglichkeit hat natürlich nicht jede:r. Und selbst wenn ihr sie habt, solltet ihr euch das gut überlegen, denn die vermeintliche finanzielle Freiheit mag mit familiären Verpflichtungen o.ä. einhergehen. Wichtig erscheint es uns in jedem Fall, nicht nur rein auf das Finanzielle zu schauen, sondern auch die positiven und negativen Nebeneffekte der Finanzierung einer Promotion zu bedenken, die wir in diesem Kapitel zu beleuchten versucht haben.

Kapitel 2. Die Arbeit an der Dissertation

Quellen: *Aberkane, Nora Radia/Dewey, Anne/Heinzel, Carolin/Lasserre, Caroline/Longin, Katharina/Mayr, Annalena/Melzer, Jaqueline/Menzel, Anna/Nachtigall, Rhea/Oerke, Sophie/Rabe-Rosendahl, Cathleen/Reuter, Marie-Louise/Witaszak, Clara/von Wulfen, Vanessa:* Gendern in der Dissertation – Ein Leitfaden für gender- und diskriminierungssensibilisierte Sprache, https://de.wikibooks.org/wiki/OpenRewi/_Gendern_in_der_Dissertation; *Dietrich, Pauline:* Verhindert eine Psychotherapie die Verbeamtung, LTO, https://www.lto.de/karriere/jura-studium/stories/detail/verhindert-psychotherapie-verbeamtung-jurastudium-referendariat-staatsdienst; *Fiedler, Werner/Hebecker, Eike:* Promotionskrisen und ihre Bewältigung, in: C. Koepernik, J. Moes & S. Tiefel (Hrsg.), GEW-Handbuch Promovieren mit Perspektive: Ein Ratgeber von und für DoktorandInnen, S. 281–293; *JuS-Magazin* 01/02 2009 S. 5 ff., Promotionskrisen und Ihre Bewältigung; *Oğlakcıoğlu, Mustafa Temmuz*: Tragödie des Rechts (Bayer), Rechtswissenschaft (RW), 2021, S. 520 ff.; *Pünder, Hermann:* Zum Weg in die „Zunft" der Staatsrechtslehre – Erfahrungen, Beobachtungen, Einordnungen, in: Cancik/Kley/Schulze-Fielitz/Waldhoff/Wiederin (Hrsg.), Streitsache Staat – Die Vereinigung der Deutschen Staatsrechtslehrer 1922–2022, Mohr Siebeck, 2022, S. 995–1031; *Schwabe, Jürgen:* Grundkurs Staatsrecht, de Gruyter, 1983.

A. Der Beginn der inhaltlichen Arbeit

Nun geht es also los. Die Betreuung und Finanzierung sind geklärt **79**
und die Themenwahl ist zumindest grob abgeschlossen. Jetzt fehlt nur noch das Schreiben der Arbeit. Die Inhaltliche Arbeit an der Dissertation, das Herzstück des Promotionsverfahrens, stellt etwas dar, dass Doktorand:innen in der ersten Zeit der Promotion nur zu gerne vernachlässigen. Es gibt schließlich viel zu organisieren und abzuklären, um sich vollkommen der Arbeit am eigenen Buch widmen zu können. Zu Beginn der Promotion ist es eine schier unglaubliche Vorstellung, dass man jetzt ein Buch schreiben soll. Die Unglaublichkeit dieser Vorstellung übermannt uns auch jetzt manchmal noch, obwohl der Abschluss unserer Promotionen nun schon einige Zeit zurückliegt.

I. Anfangen

Wo also anfangen? Die nun hier im Folgenden vorgeschlagene Vor- **80**
gehensweise ist kein Patentrezept, sondern dient nur als Orientierungs-

hilfe und erster Anhaltspunkt. Unserer Erfahrung nach sollte der Beginn des Promotionsvorhabens vor allen Dingen von einer Sache gekennzeichnet sein: der Schaffung von Strukturen.

81 Was meinen wir damit? Auch wenn ihr euch bereits für die grobe Themenwahl in einen Bereich eingelesen habt, so werdet ihr schnell merken, dass die Fülle von inhaltlichen Beiträgen, die euer Thema berühren, sehr groß ist.[31] Hier ist es wichtig, dass ihr euch möglichst schnell einen Überblick über den aktuellen Forschungs- und Meinungsstand zu eurem Thema verschafft, ohne euch dabei in unendlichen Recherchen zu verlieren. Gleichzeitig ist es für die spätere Arbeit sehr wichtig, dass ihr nicht nur lest, sondern das Gelesene auch strukturiert und systematisiert speichert, damit ihr im weiteren Verlauf der Arbeit immer wieder darauf zurückkommen könnt. Glaubt uns, es wird viele Momente geben, in denen ihr noch ganz vage irgendeinen Begriff oder ein Argument im Kopf habt und nicht mehr zuordnen könnt, aus welchem Text dieser oder dieses stammt. Ihr werdet dann erstmal eine leere Platzhalterfußnote setzen und das Auffinden der Fundstelle auf später verschieben. Irgendwann aber müsst ihr die Fußnote setzen, und wenn ihr eure Quellen nicht von Beginn an sorgfältig gesammelt habt, wird das Finalisieren der Fußnoten eine Sisyphos-Arbeit und dazu führen, dass ihr weit hinter euren Zeitplan zurückfallt. Um euch diese Arbeit zu ersparen, ist es hilfreich, von Anfang an Wissen nicht nur zu sammeln, sondern auch gut zu verwalten. Wir möchten daher im Folgenden zunächst erst auf die „technischen" Aspekte der Arbeit an einer Dissertation eingehen, da diese für die inhaltliche Arbeit eine große Relevanz besitzen.

II. Die Infrastruktur

1. Der Arbeitsplatz

82 Es stellt sich zunächst die Frage, was ihr für einen Arbeitsplatz und für Material braucht, damit ihr in der Lage seid, eine Dissertation anzufertigen. Wenn ihr als wissenschaftliche:r Mitarbeiter:in an einer Universität angestellt seid, bekommt ihr einen Arbeitsplatz zur Verfügung gestellt (Rn. 57). Aber auch externe Doktorand:innen haben an vielen juristischen Fakultäten die Möglichkeit, sich einen „festen" Arbeitsplatz in der Bibliothek zu reservieren. Teilweise bekommt ihr

[31] Das Gegenteil ist bei juristischen Dissertationen eher selten der Fall und kann vor allem dann vorkommen, wenn im Vordergrund der eigenen Arbeit die Analyse einer bislang noch nicht oder wenig beachteten Primärquelle steht. In einem solchen Fall verweisen wir an dieser Stelle auf: Rn. 37.

auch einen Büchertisch und/oder Spind dazu. Fragt hier am besten direkt beim Bibliothekspersonal eurer Fakultät nach.

Von eurem Arbeitsort hängt auch wesentlich die technische Ausstattung ab. Von den *befragten Promovierenden* gaben *56%* an, einen Laptop für die Arbeit an ihrer Dissertation zu nutzen. *15%* nutzten einen festen PC mit einem Monitor und *23%* einen festen PC mit mehreren Monitoren. Die gleiche Frage wurde zwar auch den *Promovierten* gestellt, allerdings scheinen ihre Antworten an dieser Stelle wenig hilfreich zu sein, da teilweise angemerkt wurde, dass die eigene Dissertation auf der Schreibmaschine gefertigt worden ist, wovon wir bei aller Nostalgie heutzutage abraten möchten. **83**

Stattdessen an dieser Stelle von uns eine klare Empfehlung: Mehrere Bildschirme sind die beste Wahl! Nach unserer Erfahrung besitzen die meisten Studierenden keine Desktopcomputer mehr, sondern Laptops. Allein an einem Notebook eine Doktorarbeit zu schreiben ist zwar möglich – es ging ja auch seinerzeit nur mit einer Schreibmaschine – doch man macht sich selbst das Leben unnötig schwer. Bei der Arbeit an einer Dissertation hat man oft mehrere Fenster gleichzeitig geöffnet: den eigenen Text, eine Quelle, ein Zitationsprogramm und noch einen Internet-Browser etwa. Dies alles auf einem kleinen Laptopbildschirm darzustellen, ist dauerhaft sehr anstrengend für die eigenen Augen und Nerven. Es empfiehlt sich daher dringend, an dem eigenen Hauptarbeitsplatz einen stationären Bildschirm von 24–27 Zoll Größe zu verwenden und den eigenen Laptop daran anzuschließen. Bildschirme dieser Größe sind heutzutage für 100–150 € zu bekommen. Bei einem 27-Zoll Bildschirm können bequem zwei Dokumente nebeneinander geöffnet werden. Auf dem Laptopbildschirm kann dann bspw. zusätzlich noch der Browser angezeigt werden.[32] Es gibt natürlich auch Situationen, in denen ihr nicht (zumindest zeitweise) um das Arbeiten auf einem kleinen Laptopbildschirm herumkommen werdet, bspw. wenn ihr unterwegs seid oder in einer Bibliothek an einem nicht festen Arbeitsplatz arbeitet. Gleichwohl empfehlen wir, den Hauptarbeitsplatz entsprechend auszustatten – und an diesem auch die Endkorrektur der Arbeit (Rechtschreibung, Formatierung) durchzuführen. **84**

Was den Computer angeht, an dem ihr die Dissertation verfasst, so wird hier selbstverständliche keine High-End-Maschine benötigt. **85**

[32] Hier noch ein kleiner Tipp – und jetzt wird es etwas technisch –, aber wenn man unter Windows 10 ein Fenster mit gedrückter linker Maustaste in Richtung des rechten Bildschirmrands zieht und loslässt, sobald ein transparenter Rahmen erscheint, versteht Windows, dass man zwei Programme auf einem Bildschirm genau mittig nebeneinander darstellen will und teilt den Bildschirm dementsprechend.

Allerdings ist darauf zu achten, dass ein aktueller Prozessor mindestens der Mittelklasse verbaut ist und genug Arbeitsspeicher (mindestens 8 GB) zur Verfügung steht. Auch große Scans im PDF-Format und sehr lange Word-Dateien mit vielen Formatierungen haben ansonsten das Potenzial, einen Computer in die Knie zu zwingen. Softwareseitig ist zu sagen, dass Windows-Computer ein breiteres Portfolio an Software für das akademische Arbeiten bieten als Apple-Computer. Beispielsweise ist Citavi für Mac-OS nicht verfügbar. Einige Bekannte von uns haben sich damit beholfen, „Parallels" auf ihrem Mac zu installieren. Dabei handelt es sich um ein Programm, mit dem man auf einem Mac Windows nutzen kann. Allerdings traten bei der Nutzung von Citavi im Zusammenhang mit längeren Word-Dateien häufig Probleme mit diesem Set-Up auf.[33] Inwieweit diese Nahbereichsempirie Aussagekraft besitzt, vermögen wir jedoch nicht zu sagen. Soll Citavi verwendet werden, so empfiehlt sich aus unserer Sicht aufgrund der einfacheren Nutzung jedoch die Verwendung eines Windows-Computers.

2. Wissensverwaltung

86 Vorab die gute Nachricht: Ihr werdet während der Arbeit an eurer Dissertation eine enorme Menge an Wissen gewinnen! Dies bringt jedoch auch die Problematik mit sich, dass dieses ganze Wissen auch verwaltet und geordnet werden muss, um sich sinnvoll in eurer Dissertation wiederzufinden. Wer die sechste Monografie zu dem gleichen Themenkomplex durchgearbeitet hat, wird unweigerlich irgendwann Thesen und Inhalte durcheinanderwerfen. Immer wieder werdet ihr euch im Laufe des Schreibens auch fragen, ob dies gerade euer eigener Gedankengang ist oder ob ihr unbewusst etwas reproduziert, dass ihr an anderer Stelle gelesen habt.

Wissensverwaltung ist – das ist uns klar – kein Thema, was motivierte angehende Promovierende, die möglichst schnell mit der inhaltlichen Arbeit beginnen wollen, vom Hocker haut. Aber Wissensverwaltung ist nun mal wichtig. Zudem ist Wissensverwaltung kein Hexenwerk, sondern kann mit ein paar wenigen Schritten gelingen. Am besten überlegt ihr euch gleich zu Beginn der Arbeit das System, mit welchem ihr euer Wissen verwalten wollt. Denn je länger ihr schon an der Arbeit sitzt, desto mühseliger wird die Implementation eines solchen (anderen) Systems in die eigenen Arbeitsabläufe.

87 Wie also Wissen verwalten? Auch hier kommt es maßgeblich auf euch und eure Arbeitsweise an. Es gibt Menschen, die mit einem Sys-

[33] Wobei bei längeren Dokumenten auch bei Windows-Computern Probleme mit dem Citavi-Word-Add-In auftreten können.

tem gut zurechtkommen, das für Außenstehende nach völligem Chaos aussieht. Genauso gibt es Menschen, die sich vollständig in der Strukturierung ihres Themas verlieren und statt zu schreiben Quelle um Quelle in Citavi einspeisen.

Wir werden nun Schritt für Schritt ein mögliches Konzept der Wissensverwaltung für eine Promotion grob durchgehen.

a) Zitierprogramme

Zitierprogramme sind Softwarelösungen, die wissenschaftliches Zi- **88**
tieren vereinfachen sollen. Es gibt verschiedene Programme wie etwa *Citavi, Zotero, EndNote und Mendeley,* die genutzt werden können. Bei der von uns durchgeführten Umfrage gaben 53% der *Promovierenden* an, dass sie ein Zitierprogramm nutzen.

Dies war bei den *Promovierten* noch anders. Von diesen gaben lediglich *13%* an, ein Zitierprogramm genutzt zu haben.

Diejenigen *Promovierenden*, die heute kein Zitierprogramm benutzen, gaben verschiedene Gründe hierfür an. So sagten *34%*, dass ihnen die Nutzung zu kompliziert sei. *31%* erkannten den Mehrwert solcher Programme nicht. *7%* gaben sonstige Gründe an. Und *28%* gaben schließlich an, nicht oder zu spät auf die Existenz solcher Programme aufmerksam gemacht worden zu sein. Dies, liebe Leser:innen, könnt ihr nun nicht mehr behaupten!

Die gängigen Zitierprogramme werden zudem meist von den Universitäten über eine Campuslizenz bezogen und können kostenfrei genutzt werden.

Aber was genau bringen jetzt die genannten Zitierprogramme? Zum **89**
einen ermöglichen sie es, die eigene Zitation von Quellen zu vereinheitlichen und sie bei Bedarf bspw. den Wünschen eurer Betreuungsperson oder später den Vorgaben des Verlags anzupassen. Zum anderen fungieren diese Programme als Wissensspeicher, in dem Quellen aufbewahrt und strukturiert werden können. Das von den von uns befragten Doktorand:innen meistgenutzte Programm war dabei Citavi mit *65%*, gefolgt von Zotero mit *20%*. Endnote nutzten *10%* der Befragten, Mendeley *2%* und *3%* ein sonstiges Programm. Wir beide haben ebenfalls Citavi genutzt, weswegen sich unsere Erfahrungen maßgeblich aus der Nutzung dieses Programms speisen. Gleichwohl ist festzuhalten, dass die gerade beschriebenen Grundfunktionen bei allen genannten Programmen vorhanden sind. Wir können an dieser Stelle leider keine detaillierte Anleitung für die einzelnen Zitierprogramme geben, da sie den Umfang dieses Buches sprengen würden. Diverse Anleitungen finden sich dafür im Internet, teilweise auch als YouTube

Videos.[34] Zudem bieten viele Universitäten ihren Mitarbeiter:innen und Studierenden Kurse für Zitierprogramme an. Die hier vorgestellten Funktionen sollen euch im Wesentlichen zeigen, wieso es sinnvoll ist, Zeit in die Einarbeitung in ein Zitierprogramm zu investieren. Und ja, auch wir fanden diese Programme alles andere als leicht zugänglich, und es hat uns einige Stunden gekostet, bis wir jeweils alle Funktionen von Citavi begriffen hatten.[35] Aber nachdem dies einmal der Fall war, hat unser gesamter Arbeitsprozess hiervon profitiert – und zwar aus folgenden Gründen:

aa) Quellenverwaltung

90 Die Verwaltung der eigenen Quellen ist für die Arbeit an einer Dissertation essenziell. Mittels eines Zitationsprogramms wie Citavi könnt ihr euch nämlich eine eigene Quellendatenbank aufbauen. Diese enthält zum einen die bibliographischen Angaben zu den Quellen, die für die spätere Zitation genutzt werden. Es ist allerdings auch möglich, die Quelle selbst – etwa als PDF – in der Datenbank zu speichern und vor allen Dingen zu „verschlagworten". Dabei empfiehlt es sich, anhand der Gliederung der eigenen Arbeit eine Schlagwortliste zu erstellen. Die Kunst bei der ganzen Sache ist, dass diese weder zu grob, noch zu feingliedrig sein darf. Eine Anzahl von 50–100 Schlagworten erscheint uns hier als ein guter Richtwert. Schlagwörter können sich aber natürlich auch immer im Nachhinein bei der eigentlichen Arbeit ergeben und ergänzt werden. Um diesen theoretischen Ausführungen ein wenig Plastizität zu verleihen, hier nun ein Beispiel:

Jan: *In meiner Arbeit (sie drehte sich um den unbestimmten Rechtsbegriff „Kindeswohl") wusste ich, dass ich ein Unterkapitel zu dem Thema „Beeinflussung des Kindeswillens durch einen Elternteil" würde schreiben müssen. Immer wenn ich also – während ich an einem anderen Kapitel arbeitete – zufällig etwas zu diesem Thema sah, trug ich die Quelle in meine Datenbank ein und verschlagwortete sie mit dem Begriff „Beeinflussung" und schrieb dazu im besten Fall noch die entsprechende Seitenzahl. Dies hielt mich davon ab, gedanklich von dem Thema abzuweichen, zu dem ich gerade schrieb, gab mir aber gleichzeitig das sichere Gefühl, dass die Quelle nicht verloren war. Im späteren Prozess an der Arbeit zum Thema des beeinflussten Kindes-*

[34] Diese Videoanleitung für Citavi war für uns beispielsweise sehr hilfreich: https://www.youtube.com/watch?v=Xu-xPwUBWGU (Zuletzt geprüft 28.02.2023).

[35] Dabei habe ich (*Daria*) sowohl von *Jans* Erklärungen profitieren können als auch von dem von *Jan* selbst entwickelten Zitationsstil (dazu noch Rn. 96), den er mir zur Verfügung gestellt hat. Auch hier lohnt sich also der Austausch mit anderen Doktorand innen.

willens klickte ich in meiner Datenbank das entsprechende Schlagwort an und fand auf Anhieb mehr als 100 Fundstellen zu diesem Thema.

Die Möglichkeit Quellen direkt in der Datenbank zu hinterlegen, ist **91**
dabei nicht nur eine schlichte Zusatzoption, sondern kann die Arbeitsabläufe erheblich verschlanken und ortsunabhängiges Arbeiten ermöglichen. Über beck-online und juris sind viele Quellen der Kommentarliteratur und Rechtsprechung als PDF-Dateien verfügbar und können einfach gespeichert werden. Etwas schwieriger ist dies bei vielen Monografien, Festschriften etc., die nicht in digitaler Form vorliegen. Aber auch hier kann es sinnvoll sein, wenn ihr euch die Zeit nehmt, die Teile, die ihr benötigt, einzuscannen. In den allerseltensten Fällen braucht man mal ein ganzes Buch von Anfang bis Ende. Nach unserer Erfahrung dauert das Scannen von etwa 200 Seiten mit den in den allermeisten juristischen Bibliotheken vorhandenen Buchscannern ca. 15 Minuten. Wenn ihr euch also alle zwei Monate mal einen Tag Zeit und ein paar Kopfhörer zum Musik- oder Podcasthören nehmt, reicht dies aus, um euren Quellenbestand in digitalisierter Form aktuell zu halten. Uns ist auch bewusst, dass dies natürlich nicht für jede Art von Quellen gilt. Das Lesen am Bildschirm kann sehr anstrengend sein und gerade wenn ihr sehr intensiv mit einer Quelle arbeitet, auch ermüdend. Es bedeutet auch nicht, dass, nur weil ihr eine Quelle einscannt, ihr nicht auch *parallel* mit der Papierversion der Quelle arbeiten könnt. Im Gegenteil, gerade wenn ihr ein zentrales Buch habt, mit dem ihr arbeitet, werdet ihr euch dieses Buch wahrscheinlich kaufen. Das Einscannen bietet jedoch gleichwohl nicht zu unterschätzende Vorteile. Die drei wesentlichsten sind:

– Ständige Verfügbarkeit aller Quellen:
  Ihr könnte eure Datenbank bspw. auf einen USB-Stick speichern und dann von verschiedenen Geräten aus nutzen. Dies ermöglicht es euch ortsunabhängig arbeiten zu können – und keine Bücher mitschleppen zu müssen.
– Unterstreichungen:
  Im Gegensatz zu Büchern, die ihr euch in der Bibliothek geliehen habt, könnt ihr für euch relevante Stellen in PDFs bequem markieren und so für euch Übersichtlichkeit schaffen (gilt natürlich nicht für gekaufte Bücher).
– Texterkennung (OCR):
  Hier wird es nun wieder technisch. Zahlreiche PDF-Programme bieten eine so genannte Texterkennung (manche Buchscanner haben

diese Funktion auch automatisch implementiert).[36] Mittels eines OCR-Scans erkennt das Programm auf einer eingescannten Seite die einzelnen Buchstaben. Dies funktioniert nach unserer Erfahrung erstaunlich gut und eröffnet euch die enorm praktische Möglichkeit der Stichwortsuche in der Datei mittels der Tastenkombination „Strg+F". Wenn ihr also vor mehreren Monaten die Habilitation von Professor X gescannt habt, die das absolute Standardwerk in dem Bereich ist, über den ihr schreibt und ihr wissen wollt, wo hier etwas zu einem bestimmten Thema steht, reicht es „Strg+F" zu drücken, ein Suchwort einzugeben und sich bequem durch die Ergebnisse führen zu lassen. Dies geht häufig wesentlich schneller und ist auch ergiebiger als die jeweiligen Stichwortverzeichnisse.

92 Nochmals: Wir wissen, dass das technische Drumherum auf den ersten Blick sehr abschreckend wirken kann. Aber es ist genauso, wie wenn ihr ein Theaterstück inszenieren wollt (was ich, *Daria*, getan habe): Ohne die Technik läuft gar nichts! Ohne Licht, ohne Umbauten, ohne Auf- und Abgänge kein Stück. Auch wenn dies gerade die Dinge sind, die die Zuschauenden am Ende nicht sehen, sind diese technischen Details unerlässlich für das Funktionieren des gesamten Stücks. Genauso ist es mit eurer Dissertation: Ohne systematische Quellensammlung, ohne dauerhafte Literaturverwaltung und ohne saubere Zitation kein Buch. Deshalb solltet ihr der ganzen Sache eine Chance geben.

93 An dieser Stelle nun eine *Anleitung in 5 Schritten,* wie ihr beim Aufbau einer Wissensdatenbank für die eigene Arbeit vorgehen könnt. Diese ist – wie alles in diesem Buch – höchst subjektiv und soll euch lediglich eine Anregung für mögliche Vorgehensweisen geben.

Schritt 1: Ihr nutzt die Schlagwortsuche eurer Universitätsbibliothekswebseite, um nach für eure Dissertation passenden Büchern zu suchen und besorgt euch diese Bücher (aus der Bibliothek oder Buchhandlung). Dasselbe macht ihr für Aufsätze und Rechtsprechung bei beck-online und juris (oder den einschlägigen Journals eures Fachgebiets) und tragt zusammen, was ihr findet.

Schritt 2: Ihr übertragt die bibliographischen Angaben der Bücher in euer Zitationsprogramm. Citavi hat bspw. auch eine Funktion, mit ihr Ergebnisse aus der Suche in der Bibliotheksdatenbank oder auf

[36] Achtung: Der einfache Adobe PDF-Reader bietet diese Funktion seit einiger Zeit nicht mehr. Dies bietet nur die Pro-Version bzw. andere Programme wie Master PDF Editor, die jedoch von den meisten Universitäten zur Verfügung gestellt werden. Es gibt jedoch auch Scan-Apps sowohl für Android als auch für IOS Smartphones, die einen OCR Scan bieten. Diese können für wenige Euro erworben werden.

Google direkt in das Programm importieren könnt (sog. „Citavi-Picker"). So spart ihr sehr viel wertvolle Zeit.[37]

Schritt 3: „Verschlagwortet" die gefundenen Quellen grob. Meist kann man schon bereits anhand des Titels oder des Inhaltsverzeichnisses passende Schlagwörter eintragen. Nutzt für die Verschlagwortung die Gliederung eurer Dissertation, sodass jede Quelle einem oder mehreren passenden Kapiteln zugeordnet werden kann.

Schritt 4: Speichert online verfügbare Medien als PDF und scannt die Teile von Büchern ein, die ihr brauchen könnt. Führt einen OCR-Scan bei euren Scans durch und speichert sie ebenfalls in eurer Datenbank.

Schritt 5: Fangt an quer zu lesen, euch zu orientieren und euch mit den Quellen auseinanderzusetzen. Bekommt ein „Gefühl" für das Thema. Was sind Probleme? An welchen Stellen wird eure Arbeit eher deskriptiv, an welchen eher präskriptiv sein? Was wollt ihr alles behandeln und in welcher Reihenfolge? Was ist der rote Faden eurer Arbeit? Dieser Prozess kann Wochen oder sogar Monate in Anspruch nehmen und ist mitentscheidend für den Erfolg eures Promotionsvorhabens (Rn. 176 ff.).

bb) Zur Zitation

Zum Verfassen einer Dissertation gehört auch das saubere Zitieren. **94**
Hierbei sind Zitationsprogramme – wie schon ihr Name suggeriert – äußerst hilfreich. Diese Programme verfügen über eine so genannte Add-In Funktion bei Word. Auf die bibliographischen Angaben, die ihr in der eigenen Datenbank hinterlegt habt, könnt ihr damit direkt in Word zugreifen und mittels Titelsuche und ein paar Klicks schnell eine Fußnote setzen. Ein weiterer wichtiger Vorteil hierbei ist, dass diese Programme auch gleichzeitig in der Lage sind, in Word ein Literaturverzeichnis zu erstellen. Das bedeutet, dass ihr euch keine Sorgen machen müsst, dass eine Quelle aus eurer Fußnote nicht im Literaturverzeichnis steht und umgekehrt.

In den Zitationsprogrammen selbst könnt ihr eigene Zitierstile fest- **95**
legen, die je nach Quellenart eine bestimmte und vor allem einheitliche Zitation gewährleisten. Dies ist im weiteren Fortgang der Arbeit äußerst praktisch. Am besten fragt ihr eure Betreuungsperson bereits zu Beginn der Arbeit, ob sie feste Vorstellungen von der Art der Zitation hat. Wenn dies der Fall ist, könnt ihr diese Vorgaben in das Zitationsprogramm implementieren. Dies ist zuweilen – beispielsweise bei

---

[37] Aber Achtung: Bei der automatischen Übertragung der Daten in Citavi durch den Citavi-Picker kommt es teilweise zu Fehlern – daher immer noch einmal die Angaben nach dem Import überprüfen.

Citavi – nicht gerade benutzer:innenfreundlich gelöst, doch gibt es auch hierzu eine Vielzahl von praktischen Anleitungen bspw. bei YouTube.

96 Entscheidend wird euch die Möglichkeit zum schnellen Umstellen eures Zitationsstils dann helfen, wenn es an die Veröffentlichung eurer Arbeit geht, denn die Verlage haben im Regelfall ihre eigenen – spezifischen – Vorstellungen von der Zitationsweise. Wenn ihr eure Fußnoten, die in die Tausende gehen können, nicht vor Drucklegung eurer Arbeit wochenlang händisch umstellen wollt (s. Rn. 184), solltet ihr allein hierfür schon die Nutzung eines Zitationsprogrammes in Erwägung ziehen (denn in den wenigsten Fällen wisst ihr schon bei Beginn der Arbeit, in welchem Verlag die Arbeit einmal erscheinen wird). Für viele Fachverlage stehen zudem vorgefertigte Zitationsstile zur Verfügung, die ihr in eurem Programm nutzen könnt, sodass viel der händischen Arbeit entfällt.

b) Datensicherung

97 Wenn wir schon von Wissensverwaltung reden, scheint es uns auch angebracht an dieser Stelle ein paar Worte zum Thema Wissenssicherung bzw. Sicherung eurer Arbeit zu verlieren. Das Wichtigste zuerst:

SPEICHERT NICHT ALLES NUR AUF EINEM GERÄT!

Glaubt uns, ihr wollt nicht die tragische Person sein, die mittels Zettelaushängen in der Mensa Finderlohn für ihren Laptop mit der fast fertigen Dissertation darauf bietet oder die Diebe flehentlich um Rückgabe im Namen der Wissenschaft bittet. Es muss auch gar nicht so dramatisch sein, oft reicht schon ein umgekipptes Wasserglas auf einen offenen Laptop, um die Arbeit von Monaten zunichtezumachen. Es ist daher von vornherein wichtig, zu überlegen, wie ihr eure Daten vor Verlust sichern wollt. Bei der Textdatei eurer Dissertation ist dies noch vergleichsweise einfach, da diese im Zweifel nicht größer als einige MB sein wird. Ihr könnte sie also einfach in einen Cloudspeicher hochladen, auf einen USB-Stick ziehen oder – und diese Variante hat für mich[38] funktioniert – euch einfach jeden Tag am Ende des Arbeitstags einmal per Mail zuschicken. Wie ihr eure Arbeit vor Verlust absichert, ist letztlich egal. Wichtig ist nur, dass ihr es tut.

Gleiches gilt aber auch für eure Wissensdatenbank. Dies ist etwas komplizierter, da es sich um mehr Daten handelt. So waren unsere Citavi-Datenbanken am Ende unserer Promotionsvorhaben jeweils einige Gigabyte groß. Glücklicherweise lassen sich die Datenbanken

---

[38] *Jan.*

mit allen eingescannten oder abgespeicherten Quellen auf einen externen Datenträger exportieren. Hierfür könnt ihr einfach einen USB-Stick verwenden. 128 GB gibt es für um die 15 € und reichen mehr als aus. Ihr solltet nur daran denken, diesen USB-Stick getrennt von eurem Arbeitsgerät aufzubewahren, damit im Falle eines Diebstahls nicht doch beides verloren ist.

Wir wissen, dass Datensicherung nichts ist, mit dem man sich wirklich näher befassen will, hofft man doch nie in die Lage zu kommen, dass es relevant wird. Es ist auch letztlich egal, welchen Weg der Datensicherung ihr wählt. Wichtig ist nur, dass er für euch möglichst bequem ist und so zu einer Routine werden kann, die ihr irgendwann als Teil des Arbeitsprozesses begreift und nicht als etwas Lästiges, das ihr alle paar Monate einmal macht, wenn ihr prokrastiniert.

III. Konkretisierung, Gliederung, Exposé

1. Die Konkretisierung des Themas

Falls das Thema im Zuge der Suche nach einer betreuenden Person **98**
noch nicht konkret, sondern erst grob gefasst wurde, steht nun die Einengung und Konkretisierung des Themas an. Was meinen wir damit?

Jan: *Ich wusste zu Beginn meiner Dissertation, dass ich gerne über das Verhältnis von Kindeswohl und Kindeswille schreiben würde. Der Begriff Kindeswohl kommt im Gesetz allerdings an vielen verschiedenen Stellen vor. So etwa bei Sorge- und Umgangsrechtsentscheidungen, aber auch bei der Kindeswohlgefährdung und im Jugendhilferecht. Es stellte sich also die Frage, ob ich mein Thema „global" an allen Stellen behandeln sollte, wo Kindeswohl eine Rolle spielt, oder mich auf einen Bereich fokussieren sollte. Ich habe mich damals nach einiger Zeit für Zweiteres entschieden, weil ich festgestellte, dass ich ansonsten nicht in der Lage wäre, das vorhandene Material adäquat auszuwerten. Um diese Entscheidung treffen zu können, war es jedoch notwendig sich erstmal detailliert in alle Bereiche einzulesen.*

Daria: *Ich wollte zunächst die gesamte Rechtswissenschaft revolutionieren und eine Art neues Weltrecht aus materialistischer Perspektive entwerfen. Mit der Hilfe meines Betreuers wurde mir schnell klar, dass dies im Rahmen einer Dissertation nicht umsetzbar ist, sondern ein Lebenswerk. Wir „einigten" uns dann auf die Aufarbeitung und Darstellung von Leben und Werk des materialistischen Rechtstheoretikers Paschukanis, da hier eine fruchtbare Überschneidung zur „Recht & Literatur"-Bewegung stattfinden konnte. Trotzdem kann ich* *aus heutiger Perspektive sagen, dass es für mich wichtig war, am Anfang des Promotionsprozesses „groß" zu träumen. Denn die Promotion bildet bis heute den Grundstein eines größer angelegten, persönlichen Forschungswerks, auf das ich immer wieder zurückkomme. Zudem ist es diese Energie, die mich begeistert und auch über schwierige Detailarbeiten hinweg getragen hat.*

99 Das „Einlesen" in den eigenen Bereich kann mitunter sehr frustrierend sein, weil ihr das Gefühl haben werdet, auf der Stelle zu treten, da ihr dem eigentlichen Schreibprozess (vermeintlich) nicht näherkommt. Dies ist jedoch meist ein Trugschluss, denn wie bereits erläutert geht dies mit dem stetigen Aufbau und Sammeln von Wissen einher und kann in einer Wissensdatenbank auch als ein Ergebnis materialisiert werden. Ziel dieses Prozesses ist es, den Kern eurer Arbeit herauszuarbeiten.

100 Diese Phase ist zudem mitentscheidend für den Aufwand und „Ertrag" in Form einer Note. Dabei kann folgende Faustregel gelten: Je mehr sich die Arbeit mit noch nicht oder nur in geringem Umfang erforschten Thematiken auseinandersetzt, umso mehr wissenschaftliche Eigenleistung ist verlangt. So gibt es Dissertationen, die ein „altes", Schrankwände füllend besprochenes Rechtsproblem vor dem Hintergrund einer neuen Gerichtsentscheidung besprechen. Viel Raum dieser Dissertation wird daher einnehmen, dass der aktuelle Meinungsstand zusammengetragen und beschrieben wird. Die wissenschaftliche Eigenleistung liegt dann in der Einarbeitung des neues Urteils und der Erforschung der Frage, was dieses für die vorangegangene Forschung bedeutet. Auf der anderen Seite des Spektrums gibt es Dissertationen, die in noch völlig unerforschte Bereiche eintauchen, indem sie beispielsweise eine bisher unbekannte Primärquelle analysieren oder aus der Kombination verschiedener Quellen ein noch unbekanntes Prinzip der Rechtssystematik herausdeduzieren. Je größer der Anteil der wissenschaftlichen Eigenleistung ist, umso mehr steigen die Chancen auf eine gute Note. Dies zeigt sich schon in den Formulierungen vieler Promotionsordnungen, die für Noten wie magna cum laude oder summa cum laude „bedeutsame" oder „neue" wissenschaftliche Erkenntnisse fordern.

101 Eine wesentliche Hilfe bei der Einengung des Themas kann dabei eure Betreuungsperson leisten (s. Rn. 42 ff.). Diese Person kennt sich zumeist derart gut auf dem Gebiet aus, dass sie Hinweise darauf geben kann, was in dem gewählten Themenbereich noch erforscht werden könnte.

Daria: *Ich habe, wie bereits erwähnt, mein Thema durch Gespräche einengen können* (s. Rn. 98). *Geholfen haben dabei nicht nur die an-*

fänglichen Gespräche mit meinem Betreuer, sondern auch die vielen Gespräche mit anderen Wissenschaftler:innen und Freund:innen über das Thema. Generell wäre mein Tipp: Redet über das, was ihr schreibt! Es wird euch helfen, mehr und mehr den Kern eures Themas zu finden, die zentrale These herauszuarbeiten. Was wollt ihr eigentlich in eurer Dissertation genau sagen? Wen wollt ihr damit erreichen? Welchen Beitrag soll eure Dissertation leisten? Gerade im Gespräch mit Personen, die nichts mit eurem Thema, vielleicht nicht einmal etwas mit Jura oder anderen Wissenschaften zu tun haben, werdet ihr gezwungen sein, diese Frage möglichst einfach und ohne große Ausschweifungen zu formulieren. Dies wiederum kann euch helfen, euch über eure eigenen Gedanken klarer zu werden. Gedanken – gerade in der Wissenschaft – formieren und verfestigen sich im Austausch. Natürlich gibt es einige Situationen, in denen es nicht einfach ist, über die eigene Doktorarbeit zu reden, vielleicht, weil das Thema sehr technisch ist oder man weiß, dass noch andere Personen zum selben Thema schreiben und man Angst vor einem „Ideenklau" hat. Auch hier wäre aber mein Tipp: Versucht es trotzdem – man kann Personen auch für technische Themen interessieren, wenn man selbst davon begeistert ist und diese Begeisterung auch ausstrahlt. Und Angst vor einem Ideenklau braucht man in den meisten Fällen nicht zu haben,[39] *ihr könnt darauf vertrauen, dass niemand anderes – selbst, wenn er oder sie zum selben Thema schreibt – genau dasselbe denken und schreiben wird wie ihr. Solltet ihr trotzdem ängstlich oder vorsichtig sein, dann sucht umso mehr das Gespräch mit eurer Betreuerin/eurem Betreuer und mit ausgewählten Vertrauenspersonen.*

2. Die Gliederung der Dissertation

Die Gliederung der Dissertation ist sehr wichtig. Sie ist das Seil, an **102**
dem ihr euch in verzweifelten Momenten, wenn ihr euch zu tief in eine einzelne Frage verbissen habt und weder wisst, wo oben oder unten ist, aus dem Loch herausziehen könnt. Eure Gliederung ist die kondensierte Struktur und der Wegweiser für eure gesamte Arbeit – was freilich nicht heißt, dass ihr nicht an den Punkt kommen werdet, an dem ihr sie ganz oder teilweise umschmeißt. Ach ja: Hatten wir schon erwähnt, dass promovieren teilweise frustrierend sein kann?

---

[39] Auch wenn die Aneignung fremder Ideen in der Wissenschaft leider Praxis ist, meistens aber weniger von Doktorand:innen untereinander als vielmehr in asymmetrischen Arbeitsstrukturen (Professor:in – Wissenschaftliche:r Mitarbeiter:in).

Aber auch wenn ihr sicher noch etwas an eurer Gliederung ändern werdet, so werdet ihr wahrscheinlich die einzelnen in ihr enthaltenen Punkte an irgendeiner Stelle in eurer Dissertation unterbringen wollen. Ihr könnt die Gliederung daher als eine Art Gedankenskizze begreifen, die euch während des Schreibprozesses begleitet.

103 Wie aber sieht eine gute Gliederung aus? Nun das hängt inhaltlich natürlich völlig von eurem Thema ab. Die allermeisten Doktorarbeiten gliedern sich jedoch in drei Teile: Einleitung, Mittelteil und Fazit, wobei der „Mittelteil" das Herzstück darstellt und von Einleitung und Fazit lediglich umrahmt wird.

a) Die Einleitung

104 Was genau die Einleitung enthält, ist Geschmackssache. Wichtig ist jedoch, dass ihr deutlich macht, was das Thema und Ziel eurer Arbeit ist und mit welchen Mitteln ihr dieses zu erreichen oder zu zeigen gedenkt. Dabei kann es helfen, sich die Einleitungen verschiedener Dissertationen anzuschauen und die für euch selbst wesentlichen Punkte herauszusuchen. Gleichzeitig solltet ihr auch hier euren Doktorvater bzw. eure Doktormutter zu Rate ziehen und euch deren Vorstellungen von einer gelungenen Einleitung anhören. Wichtig ist jedoch, euch vor Augen zu führen, dass es kein Schema F für eine gelungene Einleitung gibt. Dies wollen wir euch beispielhaft an einem Vergleich der Gliederungspunkte unserer beiden Einleitungen zeigen:

Jan: *Hier die Gliederung meiner Einleitung:*

A. Einführung
B. Zeitraum und Umfang der Untersuchung
C. Fragestellungen und Zielsetzung im Detail
D. Quellen
E. Gang der Darstellung

Meine Einleitung würde ich als eher konventionell bezeichnen. Letztlich – und so ehrlich muss man auch sein – ist meine Einleitung eine etwas längere Fassung des von mir anfänglich geschriebenen Exposés. Insgesamt hat das Ganze eine Länge von ca. 13 Seiten. Für mich selbst am wichtigsten – und der Teil, den ich am Ende der Arbeit auch neu schrieb – war die „Einführung", also die ersten 1–2 Seiten, auf denen der Leser Thema und Motivation für die Arbeit kennenlernt. Meines Erachtens ist dies ein entscheidender Teil, nämlich der, in dem rübergebracht wird, wieso man für das eigene Thema brennt (oder mal gebrannt hat). Im besten Fall sollte hier das Feuer auf den/die Leserin überspringen.

Daria: *Und hier die Gliederung meiner Einleitung:*

Vorspruch
A. Vorbemerkungen
I. Krise des Rechts
II. Kritik des Rechts
III. Kunst und Recht
IV. Warum Paschukanis?

Meine Einleitung ist eher ungewöhnlich: Ich teile sie aufgrund der besonderen Darstellungsweise meiner Dissertation – die ein Theaterstück enthält – in einen „Vorspruch" und in „Vorbemerkungen" auf. Im Anschluss an die 17seitigen „Vorbemerkungen" unter A. folgt sogleich im Anschluss in Teil B das Theaterstück. Erst in Teil C, den „Reflexionen", beginnt der klassische Teil einer wissenschaftlichen Abhandlung. Daher versuche ich, in einem kurzen Vorspruch Ziel und Aufbau des Buches zu erklären, bevor ich in den Vorbemerkungen einerseits das Interesse der nicht-juristischen Leser:innen wecken und gleichzeitig diejenigen Leser:innen nicht vergraulen möchte, die das Theaterstück nicht interessiert – diese können dann nach der Lektüre der Vorbemerkungen direkt auf Teil C springen. Zugleich sind meine Vorbemerkungen auch eine sehr knappe Zusammenfassung der Dissertation: die vierteilige Gliederung der Vorbemerkungen in I.–IV. spiegelt die vierteilige Gliederung der „Reflexionen" wider und folgt dem Aufbau auch thematisch.[40]

Wie ihr seht, können Einleitungen durchaus unterschiedlich ausfallen und trotzdem den Zweck erfüllen, Ziel der Arbeit und Gang der Untersuchung deutlich zu machen.

Auch wenn eure Einleitung den Beginn eurer Arbeit darstellt, solltet **105**
ihr am Beginn des Schreibprozesses nicht zu viel Zeit für sie aufwenden. So könnt ihr zunächst auch einfach euer Exposé als Einleitung verwenden (s. Rn. 113) und nach Beendigung der anderen Teile der Arbeit mit einem frischen Blick an die Überarbeitung der Einleitung gehen. Dies ist vor allem deswegen ratsam, weil eines der wichtigsten Prinzipien für eure Arbeit Kohärenz sein sollte. Die Arbeit muss einen roten Faden haben und in sich stimmig sein. Bei der Arbeit am Hauptteil der Arbeit werdet ihr im Zweifel jedoch neue Schwerpunkte ausmachen, die ihr zu Beginn eurer Arbeit noch gar nicht auf dem Schirm hattet und Dinge, die ihr zu Beginn eurer Arbeit für wichtig gehalten habt, können im Nachhinein als Lappalien erscheinen. Denn wenn ihr

[40] Eine wunderbare Zusammenfassung und Würdigung des Aufbaus der Dissertation findet sich bei *Oğlakcıoğlu, Mustafa Temmuz*: Tragödie des Rechts (Bayer), Rechtswissenschaft (RW) S. 520–530.

schon von Anfang an wüsstet, worauf alles hinauslaufen und was das Ergebnis eures Buches sein wird, hättet ihr ja nichts mehr zu erforschen. Es wird daher im Zweifel immer notwendig sein eure Einleitung einer gründlichen Überarbeitung zu unterziehen – weshalb es sich empfiehlt, diese ganz am Ende zu schreiben.

b) Der Hauptteil

106 Der Mittelteil der Arbeit und gleichsam der Hauptteil ist derjenige, in dem ihr eure wissenschaftlichen Erkenntnisse ausarbeitet. Dabei sollten die sich aus etwaigen Forschungslücken ergebenden Forschungsfragen den Kern der Arbeit bilden. Wenn diese nun den „Kern" bilden, so muss es auch eine Hülle geben. Für das Erstellen dieser Hülle könnt ihr euch vergegenwärtigen, dass im Jahr 2023 zu so gut wie allem schon etwas gesagt wurde. Die eigene Arbeit wird also – von Ausnahmen abgesehen – Diskurse aufgreifen, die seit Jahrzehnten, mitunter seit Jahrhunderten existieren.

Ihr könnt euch Wissenschaft wie ein riesiges Mosaik vorstellen und jede Promotion wie einen winzigen Mosaikstein, der das Bild vervollständigt. Aber damit dieser (euer) Stein auch ins Bild passt, muss er erst im Diskurs verortet werden. Ihr müsst also erst den Diskurs verstehen, in dem sich das Thema eurer Arbeit bewegt. Durch eine stetige Anbindung eurer Arbeit und der Bearbeitung eurer Forschungsfrage an diesen Diskurs gewinnt diese an wissenschaftlichem Mehrwert. Für die Gliederung bedeutet dies, dass ihr nach der Einleitung nicht gleich mit der Tür ins Haus fallt und beginnt, eure Forschungsfragen kontextlos abzuarbeiten. Vielmehr bietet es sich an einen Aufbau zu wählen, der die Lesenden abholt und an der Hand führt.

Jan: *Wenn ihr also beispielsweise zu der Frage promovieren wollt, ob die Verwendung von Legal Tech-Software durch Gerichte im Rahmen der Urteilsfindung verfassungsgemäß ist,*[41] *dann müsst ihr erstmal definieren, was ihr unter dem Begriff der „Legal Tech-Software" versteht und gegenwärtige und potenzielle Anwendungsgebiete von „Legal Tech-Software" nach dem gegenwärtigen Stand der Technik erläutern. Erst wenn ihr diese „Vorfragen" geklärt habt und eure Arbeit daher im Kontext der Diskussion über Legal Tech verortet habt, macht es aus unserer Sicht Sinn, euch dem Kern eurer Arbeit, nämlich der Frage der Verfassungsmäßigkeit bzw. grundsätzlichen Zulässigkeit solcher Anwendungen durch Gerichte bei der Urteilsfindung zu wid-*

---

[41] Wir wissen weder, ob jemand aktuell zu diesem Thema promoviert, noch wollen wir damit sagen, dass dies ein sinnvolles Promotionsthema ist. Wir benutzen dieses Thema hier nur als ein Beispiel, um die Methodik zu illustrieren.

men. Hier würdet ihr dann wahrscheinlich nach Anwendungsbereichen differenzieren und sowohl Verstöße gegen einfachgesetzliche Vorschriften (Deutsches Richtergesetz) als auch gegen die Verfassung (Art. 103 GG) prüfen. Würdet ihr hingegen direkt mit dieser Prüfung einsteigen, ohne vorher zu kontextualisieren, so würde es dem Leser wohl wesentlich schwerer fallen, euren Gedankengängen zu folgen.

Was bedeutet dies nun für eure Gliederung? Ihr müsst euch die Fra- **107**
ge stellen, was die Leser:innen für Kontexte brauchen, um die von euch zu beantwortenden Forschungsfragen zu verstehen. Es geht hier nicht darum, eine:n völlig unkundige:n Leser:in ins Boot zu holen. Ihr dürft von den Leser:innen einer akademischen Arbeit durchaus Vorkenntnisse erwarten. Umso wichtiger ist es aber, diese Leser:innen durch eine konkrete Verortung eures Themas in den akademischen Diskurs abzuholen.

Wir würden euch zudem empfehlen, mit Zwischenfazits zu arbeiten. **108**
Habt ihr eine Frage geklärt oder eine Erkenntnis gewonnen, so solltet ihr des am Ende eines Kapitels bzw. Unterkapitels festhalten. Es empfiehlt sich dabei, in den Zwischenfazits wieder einen Bezug zu euren Forschungsfragen herzustellen. Also in etwa:

Es hat sich gezeigt, dass XY so und so ist. Vor dem Hintergrund der Forschungsfrage xxx stellt sich daher die Frage, ob…

Dies hat zwei Vorteile: Zum einen könnt ihr so dem Lesenden so immer wieder verdeutlichen, wieso ihr bestimmte Dinge untersucht habt, welchen Sinn es also für eure Arbeit hat. Zum anderen könnt ihr in eurem Zwischenfazit einen eleganten Übergang zum nächsten Kapitel bzw. Unterkapitel herstellen (s. hierzu auch Rn. 176 ff.). Wichtig sind die Zwischenfazits auch für euch selbst, da ihr euch über sie später sehr viel einfacher euer Gesamtfazit erarbeiten könnt (Rn 183a f.).

c) Der Schluss

Der Schlussteil eurer Dissertation muss bei euren Überlegungen **109**
hinsichtlich der Gliederung der Arbeit noch keine große Rolle spielen. Die Schlussfolgerung könnt ihr ohnehin erst verfassen, wenn ihr eure Forschungsfragen beantwortet habt (s. Rn. 183a).

3. Das Exposé

110 Das sogenannte „Exposé" braucht ihr für verschiedene Zwecke.[42] Ein Exposé gibt einen Überblick über euer geplantes Forschungsvorhaben. Es gibt dabei keine feste Form für ein Exposé. Vielmehr kann es sowohl in der Form als auch in der Länge variieren, je nachdem, für wen oder für welchen Zweck ihr euer Exposé verfasst. Das Exposé hilft euch dabei, euch zu Beginn eurer Arbeit grundlegende Gedanken über eure Forschungsfrage zu machen und eure Methodik festzulegen.

Wollt ihr beispielsweise „die Rechtsprechung" zu einer bestimmten Frage analysieren, dann müsst ihr erklären, welche Rechtsprechung ihr analysiert. Wollt ihr eine Mikroanalyse machen und nur die Rechtsprechung eines bestimmten Gerichts analysieren, wollt ihr die gesamte verfügbare Rechtsprechung analysieren oder wollt ihr nur die veröffentlichten Entscheidungen aus bestimmten Fachzeitschriften nutzen, da diese Zeitschriften diskursprägend sind, was ihr wiederum begründen müsstet. Eine wasserdichte Methodik ist das, was eure Dissertation später vor Kritik à la „der:die Autor:in hat sich leider nicht die Zeit genommen auch XY in den Blick zu nehmen" schützt. Ihr steckt damit euer Forschungsfeld ab. Wollt ihr eigene Grundlagenforschung betreiben, so müsst ihr erklären, wieso dies für die Beantwortung eurer Forschungsfragen notwendig ist. Das Erklären der eigenen Methodik bietet euch auch die Chance, euch und euer Vorgehen zu hinterfragen und so Klarheit zu gewinnen, die ihr für das Abfassen der späteren Arbeit benötigen werdet.

Gleichzeitig solltet ihr euch jedoch auch bewusst machen, dass ihr euch in einem fließenden Prozess befindet und dass sich durch den Arbeitsprozess euer Blick auf bestimmte Fragestellungen und Inhalte ändern wird. Ihr dürft also nicht vergessen die methodischen Regeln, die ihr euch um Exposé selbst gegeben habt, immer wieder kritisch zu reflektieren.

a) Das Kurzexposé

111 Wenn ihr euch um ein Stipendium bewerben oder euch an der Universität als Promotionsstudierende einschreiben wollt,[43] benötigt ihr in

[42] Es kann auch sein, dass ihr für verschiedene Zwecke verschiedene Exposés braucht.

[43] Hierbei ist es wichtig, darauf hinzuweisen, dass der Promotionsbeginn und die Einschreibung als Promotionsstudierende:r nicht zwingend gleichzeitig erfolgen muss. Vielmehr kann es sein, dass ihr euch erst einige Zeit nach dem Beginn der Promotion offiziell einschreibt. Dies hängt auch von der Frage ab, ob ihr den Studierendenstatus und das damit verbundene Semesterticket benötigt. Grundsätzlich ist es auch möglich, sich erst kurz vor Abgabe der Dissertation

der Regel ein kurzes Exposé von 2–3 Seiten. Dieses Exposé sollte eine kurze und prägnante Darstellung eurer Forschungsfrage(n), eurer Methodik sowie der fachbereichsspezifischen und/oder gesellschaftlichen Relevanz eurer Arbeit enthalten. Ihr könnt euch das Schreiben eines solchen Kurzexposés als einen „pitch“ vorstellen, mit dem ihr jemanden überzeugen wollt, in euer Herzensprojekt zu investieren. Bei einem Kurzexposé geht es weniger um inhaltliche Tiefe als um eine ansprechende Darstellung. Das Schöne an einem solchen Kurzexposé ist daher, dass ihr in diesem eure Forschungsfragen nur anreißen müsst. Da dieses Exposé meistens am Anfang eures Promotionsvorhabens steht, kann auch niemand von euch erwarten, dass ihr euch mit allen Fragen, die ihr im Rahmen eures Promotionsvorhabens erforschen wollt, bereits fundiert auseinandergesetzt habt (falls ihr das doch habt: umso besser!). Es geht eher darum aufzuzeigen, dass ihr ein Thema gewählt habt, dessen Bearbeitung *gerade durch euch* ein Gewinn für den juristischen Diskurs ist.

b) Das Langexposé

Viele Betreuungspersonen werden von euch nach einiger Einarbeitungszeit neben einer groben Gliederung der Arbeit ein längeres „ausgearbeitetes“ Exposé verlangen. Dies ist nicht zwingend und hängt ganz von den Präferenzen eurer Betreuungsperson ab. Sollte dies jedoch verlangt werden, so kann dies schon einen gewissen Druck erzeugen, da ihr „Farbe bekennen“ müsst. Die Betreuungsperson wird wahrscheinlich das erste Mal einen längeren Text von euch lesen und so einen Eindruck von eurem Schreibstil und eurer Arbeitsweise bekommen. Wir würden diesen Schritt aber als wichtig und positive Erfahrung bewerten, da ihr euch mit euerer Betreuungsperson bereits zu einem frühen Zeitpunkt über eine gemeinsame Arbeitsgrundlage verständigen könnt. Es macht daher aus unserer Sicht Sinn ein solches längeres Exposé von 10–20 Seiten bei eurer Betreuungsperson abzugeben, selbst wenn diese ein solches Exposé nicht von sich aus verlangt. Wichtig ist es, dabei keine falsche Scheu zu haben. Natürlich ist es schön, wenn eure Betreuungsperson euer Exposé einfach durchwinkt, weil es schon so perfekt ist, aber da es eben „nur“ ein Exposé von einigen Seiten ist, würden wir vorsichtig die Frage in den Raum stellen wollen, ob es wirklich effektiv ist, hieran anderthalb Jahre herumgedoktort zu haben. Dies soll kein Plädoyer dafür sein, unsauber zu 112

offiziell als Promotionsstudierende:r einzuschreiben. Schaut euch hier am besten vorab einmal genau die Promotionsordnung eurer Fakultät an. Einige Fakultäten fordern, dass man vor Abgabe der Dissertation mindestens zwei Semester lang eingeschrieben gewesen sein soll (dies ist aber meistens eine „Soll“-Regel).

arbeiten, aber gebt eurer Betreuungsperson auch die Chance euch wirklich zu betreuen und konstruktive Kritik zu üben. Dies ist schwierig, wenn ihr an euch selbst den Anspruch stellt, nur (vermeintlich) Perfektes abzugeben. Wir haben leider öfters mitansehen müssen, wie einige Promovierende sich monatelang wegen der Erstellung des Exposés gestresst haben und schon kurz vor dem Burn-Out standen, bevor die eigentliche Arbeit an der Dissertation überhaupt begonnen hatte. Gebt euch daher einen (realistischen) Zeitrahmen bzw. bittet eure Betreuungsperson einen solchen zu setzen. Zu eurer Beruhigung können wir berichten, dass eure Arbeit am Ende sowieso recht wenig mit eurem Exposé zu tun haben wird:

Jan: *Ich habe mein ca. 15-seitiges Exposé damals nach 2 Monaten an meinen Doktorvater gegeben und ich kann mich erinnern, dass wir sehr lebhaft über seine Kritik an meinem Ansatz diskutierten. Er hatte einige Kritikpunkte, über die wir uns unterhielten, und dieses Gespräch half mir sehr meinen Fokus zu finden und beeinflusste maßgeblich die weitere Entstehung der Arbeit.*

Daria: *Ich muss mal mein erstes Exposé heraussuchen – ich fürchte, ich habe das gar nicht mehr, denn ich habe zu Beginn der Dissertationsphase noch den Fehler gemacht (den ihr nach Lektüre dieses Buches auf keinen Fall machen werdet!), alles nur auf einem Endgerät zu speichern. Ich weiß nicht mehr genau, was ich in diesem Exposé im Detail geschrieben habe, aber ich erinnere mich, dass ich ein komplett neues Weltrecht entwerfen wollte, eine Art Globalverfassung anhand einer materialistischen Kritik der Menschenrechte. Ich würde schätzen, dass von den Gedanken, die ich im Exposé entwickelt habe, höchstens 10% noch in der Arbeit, die ich am Ende eingereicht habe, wiederzufinden sind. Aber es war sehr wichtig für mich, diesen Text zu produzieren, ihn an meinem Doktorvater zu geben und mit ihm darüber zu diskutieren. Ich weiß noch, wie euphorisch und erschlagen ich nach diesem Gespräch war. Danach habe ich erst wirklich realisiert: Ich habe einen Text produziert. Ich promoviere.*

113 Das Schreiben eines Langexposés kann jedoch auch mitunter frustrierend sein, da ihr zwar schon etwas schreibt, aber nicht wirklich das Gefühl habt, mit der Arbeit an dem eigentlichen Projekt weiterzukommen. Es kann daher helfen, sich vorzustellen, dass ihr nicht ein (Lang-)Exposé, sondern die Einleitung eurer Arbeit schreibt. In vielen Bereichen ist ein solches Exposé nämlich tatsächlich mit einer Einleitung deckungsgleich und kann daher auch als (provisorische) Einleitung fungieren, die ihr dann später noch einmal überarbeitet. Dann könnt ihr das Schreiben des Exposés als das Schreiben der ersten zwanzig Seiten eurer Arbeit verstehen. Dies kann euch dazu motivieren, nahtlos mit der Arbeit am Hauptteil weiterzumachen, weil ihr schon einen Fortschritt seht.

B. Kommunikation während der Dissertation

Promovieren ist überwiegend eine einsame Arbeit. Ihr müsst selbst **114** lesen, selbst nachdenken und selbst schreiben. Dies kann euch niemand abnehmen. Manchmal ergibt sich daraus das Gefühl, man sei ganz allein auf dieser Welt, vergraben in einem Berg aus Büchern und existenziellen Gedanken. Wenn ihr aber alle diese existenziellen Gedanken, die ihr euch im Rahmen eurer Arbeit macht, bis zur Fertigstellung des Buches für euch behaltet und mit niemandem teilt, besteht die Gefahr, dass andere sie irgendwann nicht mehr verstehen oder nachvollziehen können. Darüber hinaus ist dies unserer Erfahrung nach auch nicht gut für die Psychosozialhygiene. Ihr werdet so viel Wissen ansammeln, dass euch Dinge banal vorkommen werden, die eigentlich sehr kompliziert sind und erläutert werden müssen. Es ist daher aus unserer Sicht unerlässlich, bereits während des Schreibprozesses über eure Arbeit zu reden.

Wir beide haben während unserer Promotionszeit Personen kennen- **115** gelernt, die aus ihrem Promotionsthema ein Staatsgeheimnis gemacht haben und mit niemandem außer ihrer Betreuungsperson darüber sprechen wollten, weil sie Angst hatten, dass jemand ihnen das Thema „klauen" könnte. Wir können euch in diesem Zusammenhang nur raten, dem gerade unter Jurastudierenden verbreiteten Konkurrenzdenken und Misstrauen nicht zu viel Raum zu geben. Wissenschaftlicher Diskurs funktioniert über Kommunikation. Wenn ihr euch dem Diskurs aus Angst vor geistigem Diebstahl verschließt, dann entgeht euch auch der Input, den euch andere Leute geben können. Wir haben es zudem nicht erlebt oder davon gehört, dass einer Person ein Thema „geklaut" wurde. Ihr solltet euch immer vergegenwärtigen, dass nicht euer Thema das exklusive an eurer Arbeit ist, sondern euer Zugang zu ihm. Zu demselben Thema können durchaus mehrere Dissertationen erscheinen, die eine ganz eigene Perspektive haben. Ihr solltet mit euren Ideen zwar nicht inflationär um euch werfen, aber wir können euch nur raten, offen mit eurer Arbeit umzugehen, denn ihr könnt euch sicher sein, dass niemand diese so schreiben wird wie ihr.

Die möglichen Gesprächspartner:innen während der Dissertation **116** sind durchaus verschieden und können aber jede:r für sich sehr hilfreich sein.

I. Betreuungsperson

117 Primäre:r Ansprechpartner:in ist natürlich die Person, die eure Dissertation betreut. Hierbei kann die Intensität der Kommunikation sehr unterschiedlich sein. So gibt es Betreuungspersonen, die einen großen Wert auf regelmäßige Gespräche über den Fortgang eurer Arbeit legen, die aktiv die Abgabe von Kapiteln einfordern und diese dann mit euch durchsprechen. Auf der anderen Seite gibt es auch Betreuungspersonen, die euch im Wesentlichen eigenständig arbeiten lassen und sich mit euch nur besprechen, wenn ihr dies aktiv einfordert. Bestenfalls solltet ihr schon bei der Wahl der Person, die eure Arbeit betreut, mitbedacht haben, welche Art von Betreuung ihr euch wünscht (s. Rn. 42 ff.). Ansonsten kann es schnell zu Frustration kommen, wenn ihr euch mit eurer Arbeit allein gelassen fühlt. Wenn ihr Gesprächsbedarf habt, solltet ihr diesen anmelden und um einen Termin bitten. Ihr könnt auch um regelmäßige Gesprächstermine bitten. Dies fällt naturgemäß einfacher, wenn ihr auch am Lehrstuhl eurer Betreuungsperson arbeitet und so ohnehin regelmäßig in Kontakt steht.

Es empfiehlt sich, am Anfang eurer Promotion einen Zeitplan zu erstellen und gemeinsame Arbeitsziele zu formulieren. Dabei solltet ihr eure:n Betreuer:in als Person begreifen, die mit euch gemeinsam die Übersicht über den roten Faden behält. Abraten würden wir jedoch davon, jede Woche mit kleineren Fragen und Problemen zu eurer Betreuungsperson zu gehen. Dies kann zwar im Einzelfall und je nach Verhältnis zu eurer Betreuungsperson möglich sein, grundsätzlich könnt ihr aber davon ausgehen, dass von euch erwartet wird, dass ihr diese selbst löst und selbst in der Lage seid, Richtungsentscheidungen zu treffen. Denn die Promotion ist, wie gesagt, auch eine Zeit der Emanzipation. Sobald ihr aber euer erstes Kapitel fertig habt, solltet ihr unbedingt einen Gesprächstermin mit eurer Betreuungsperson vereinbaren und ihr vorher das Kapitel zu lesen geben. So gebt ihr ihr die Chance, bereits zu Anfang wichtige inhaltliche und stilistische Hinweise zu erteilen, die eure Arbeit prägen können. Ihr solltet keinesfalls auf die Abgabe eures ersten Kapitels verzichten, weil ihr es nicht für perfekt genug haltet. Wir haben es schon einmal gesagt (Rn. 112) und erwähnen es gerne nochmal: Eure Betreuungsperson kann euch nur sinnvoll betreuen, wenn ihr ihr auch Raum dafür lasst. Niemand erwartet von euch am Anfang eurer Promotion einen perfekten Text. Es ist viel zielführender mit eurer Betreuungsperson in einen Dialog zu kommen, auch über eure Fehler, und sie so bei der Entstehung der Arbeit einzubinden.

Daria: *Ich haben meinem Betreuer in regelmäßigen Abständen Teile der Dissertation zum Lesen gegeben. Meistens habe ich dafür kein*

Feedback bekommen, nur ein „alles gut, weiter so", was mich damals irritiert und auch enttäuscht hat. Ich hätte erwartet, dass er den Rotstift herausholt und mir jede kleine Ungenauigkeit anstreicht. Im Nachhinein ist mir klar geworden, dass es im Wesentlichen gar nicht darum ging, ein Feedback einzuholen, sondern vor allem mich selbst dazu zu zwingen, Teile abzugeben und sie damit „aus der Hand zu geben". Eine inhaltliche Korrektur habe ich erst bei der Vorabgabe der Dissertation bekommen, als der gesamte Text schon stand. Ich weiß nicht, ob es besser gewesen wäre, schon während des Schreibprozesses mehr Feedback zu erhalten. In dem Moment hätte es sich sicherlich besser angefühlt. Aber am Ende hat mich das mangelnde Feedback darin bestärkt, mein eigenes Denken zu entwickeln und mein eigenes Buch zu schreiben, denn niemand – auch nicht deine Betreuungsperson – ist so tief in dem Thema drin wie du. Was aber in jedem Fall hilfreich ist, ist im Austausch darüber zu stehen, dass das Projekt in die richtige Richtung läuft (welche auch immer das sein mag) und man sich nicht in Exkursen verliert oder am Thema vorbeischreibt. Insofern war die Aussage „alles gut, weiter so" doch ein wichtiger Richtungsweiser. Andersherum hätte mein Betreuer frühzeitig eingreifen können, wenn er bemerkt hätte, dass die Arbeit in eine völlig falsche Richtung läuft. Vertraut in euch und traut euch, einzelne Kapitel aus der Hand zu geben, auch wenn sie noch nicht perfekt sind. Und lasst euch nicht entmutigen, wenn ihr nicht viel Feedback bekommt, die Betreuungsperson meldet sich (zumindest sollte das so sein) schon, wenn es schiefläuft.

Für Personen, die sich eine intensivere Betreuung wünschen, kann es sinnvoll sein, über ein strukturiertes Promotionsprogramm (wie die Albrecht Mendelssohn Bartholdy Graduate School of Law) oder einen PhD in Großbritannien oder den USA nachzudenken, hier ist der Promotionsprozess strukturierter (Rn. 123). **118**

II. Kolloquien

Während der Arbeit an eurer Promotion solltet ihr nach Möglichkeit auch an Promovierendenkolloquien teilnehmen. Diese bieten euch die Möglichkeit, von anderen Promovierenden Feedback über eure Arbeit einzuholen und eure Zwischenergebnisse vorzustellen. Dabei gibt es sehr unterschiedliche Arten von Kolloquien, die unterschiedliche Vorteile haben können. **119**

Der Grundaufbau eines Promovierendenkolloquiums ist aber in der Regel immer gleich: In einem bestimmten Turnus (wöchentlich, monatlich etc.) trägt eine:r der teilnehmenden Promovierenden zu sei- **120** nem:ihrem Thema vor. Dies kann ein gesamter Abriss des Dissertationsvorhabens sein oder es kann nur eine bestimmte Forschungsfrage beleuchtet werden. Dies bestimmen die Teilnehmer:innen des Kolloquiums selbst.

121 Es gibt fachspezifische Kolloquien, in denen ihr euch mit Promovierenden und ggf. auch Habilitierenden und Professor:innen eures erweiterten Fachbereichs austauscht. Hier könnt ihr in der Regel sachlich fundierte inhaltliche Kritik erwarten, weil die Teilnehmer:innen des Kolloquiums sich alle mit dem Themenbereich, in dem sich eure Forschung bewegt, auskennen. Es geht also inhaltlich wirklich „zur Sache". Dies kann hilfreich sein, um zu sehen, wie die eigenen inhaltlichen Ideen in der Fachcommunity ankommen. Ihr solltet euch hier von kritischen Nachfragen nicht entmutigen lassen. Begreift diese als konstruktive Kritik und setzt euch mit ihnen auseinander.

122 Neben den fachspezifischen Kolloquien gibt es auch solche, an denen Promovierende aus allen Teilbereichen der Rechtswissenschaften teilnehmen. Hier könnt ihr kein breites inhaltliches Vorwissen zu eurem Thema erwarten und müsst euren Vortrag auch dementsprechend anders strukturieren. Dies kann allerdings sehr hilfreich sein, um sich zu vergegenwärtigen, was der rote Faden der eigenen Arbeit ist. Denn wenn ihr es schafft, ein kompliziertes Thema in ca. 30 Minuten Menschen zu beschreiben, die hiervon bislang noch nichts gehört haben, könnt ihr euch sicher sein, dass ihr selbst noch nicht den Überblick verloren habt.

123 **Jan:** *Ich war während meiner Promotion Teil der Albrecht Mendelssohn Bartholdy Graduate School of Law, einem Graduiertenkolleg, wo wir Vorlesungen zu verschiedenen grundlegenden rechtlichen Fragestellungen hatten, aber auch ein wöchentliches Doktorandenkolloquium in dem jeder der Promovierenden einmal im ersten Jahr und einmal im letzten Jahr seiner Promotionszeit vortragen musste. Die Termine standen schon relativ früh fest, sodass man wusste, wann es einen selbst treffen würde. Auch wenn ich anfangs keine große Lust hatte vor einer großen Gruppe zu meinem Thema zu sprechen, so war doch allein schon die Vorbereitung der Termine für mich enorm gewinnbringend, weil ich mich neben der ganzen Arbeit an kleinen Forschungsfragen im Rahmen meiner Dissertation nochmal damit auseinandersetzen konnte, was eigentlich der Kern meiner Arbeit war. Dies gerät meiner Erfahrung nach beim Abfassen einer Dissertation gelegentlich aus dem Blick, weil man sich so sehr auf bestimmte Teilbereiche fokussiert.*

Die Rückmeldungen zu meinen Vorträgen waren in beiden Fällen sehr hilfreich. Aufgrund der breiten Aufstellung unseres Kolloquiums waren sie eher nicht inhaltlich, sondern vor allem zu meinem methodischen Ansatz. Diesen zu erörtern und zu verteidigen gab mir sehr viel Sicherheit und war auch eine sehr gute Übung für die Disputation.

Wie und wo findet ihr schließlich diese Kolloquien? An den meisten **124** Fakultäten gibt es Angebote, über die ihr euch bei eurer jeweiligen Studienberatung informieren könnt. Manche Lehrstuhlinhaber:innen organisieren für ihre Doktorand:innen ein internes Kolloquium. Ihr könnt euch aber auch (zusätzlich) privat darum kümmern. Niemand hindert euch daran, mit anderen Doktorand:innen ein Kolloquium ins Leben zu rufen, in dem jede:r jedes Semester einmal einen Vortrag hält. Wollt ihr ein fachspezifisches Kolloquium gründen und findet ihr hierzu an eurer eigenen Universität keine geeigneten Personen (etwa, weil ihr in einem „Randbereich" forscht), so könnt ihr auch auf den Webseiten anderer Jurafakultäten nach Promovierenden suchen, die in einem fachlich ähnlichen Bereich forschen wie ihr und sie fragen, ob sie Lust auf ein gemeinsames Kolloquium haben. Im Zoom-Zeitalter sollte sich die örtliche Distanz nicht als ein Problem darstellen. Zudem gibt euch dieses eigeninitiative Vorgehen die Chance, euch mit Personen zu vernetzen, die ein ähnliches fachliches Interesse teilen wie ihr.

III. Arbeitspartner:innen und Schreibwerkstätten

Wenn ihr merkt, dass ihr Motivationsprobleme beim Schreiben habt, **125** kann es sinnvoll sein, euch eine:n Arbeitspartner:in zu suchen. Eine Person, die wie ihr promoviert und mit der ihr zusammen konzentriert arbeiten, mit der ihr aber zwischendurch auch mal kurz eine Frage zu eurem weiteren Vorgehen besprechen könnt. Schön ist es auch, eine:n solche:n Arbeitspartner:in zu haben, um in „Aha"-Momenten bahnbrechender Erkenntnis – und glaubt uns, diese Momente kommen – eure Euphorie mit jemandem teilen zu können – auch wenn die Person nur einen Bruchteil dessen verstehen wird, was ihr ihr mitteilen wollt. Es ist in manchen Fällen einfach wichtig, füreinander da zu sein. Dies funktioniert im Übrigen nach unserer Erfahrung auch, wenn ihr an zwei unterschiedlichen Orten seid und euch über einen Videocall verbindet.

Viele Fakultäten, aber auch Netzwerke (s. Rn. 142), bieten soge- **126** nannte „Schreibwerkstätten" an. Das Format dieser Schreibwerkstätte besteht meistens darin, dass ihr euch einmal die Woche in einem Raum zum gemeinsamen Schreiben mit anderen Promovierenden trefft. Teilweise werden hierbei auch spezifische Schreibmethoden wie die

„Pomodoro-Methode“[44] angewendet. Informiert euch hierüber wie über Kolloquien auf den Websites eurer Fakultät oder durch den Austausch mit anderen Promovierenden.

C. Zusätzliche Aktivitäten

I. Der Auslandsaufenthalt

127 Während eurer Promotion habt ihr viele unterschiedliche Möglichkeiten, für kürzere oder längere Zeit ins Ausland zu gehen. Hierdurch habt ihr neben der Chance, neue Sichtweisen auf euer Thema zu erhalten oder an bestimmten Quellen zu forschen, auch die Möglichkeit, eure Sprachkenntnisse zu erweitern und andere Kulturen kennenzulernen. Die Spannbreite reicht dabei von kürzeren Forschungs- und Vortragsreisen bis hin zu einer vollständigen Promotion im Ausland. Was einen Auslandsaufenthalt während der Promotion besonders attraktiv macht, sind zudem die diversen Finanzierungsmöglichkeiten, die von verschiedenen Institutionen angeboten werden.

128 Trotzdem wird ein Auslandsaufenthalt während der Promotion unseren *Umfragen* zufolge bislang selten von Promovierenden in Betracht gezogen. So gaben lediglich *22% der von uns befragten Promovierenden* an, dass sie einen Auslandsaufenthalt planen würden. Und nur *16% der Promovierten* waren im Zuge ihrer Promotion im Ausland. Wir möchten euch daher an dieser Stelle kurz über die verschiedenen Möglichkeiten informieren, damit ihr für euch selbst entscheiden könnt, ob dies für euch eine lohnende Option sein könnte.

1. Kürzere und mittellange Aufenthalte

a) Der Vortrag im Ausland

129 Gerade, wenn ihr neben eurer Promotion an der Universität arbeitet, werdet ihr schnell merken, wie viele internationale Konferenzen, Symposien und Vortragsreihen es gibt, an denen ihr teilnehmen könnt. Dabei reicht das Angebot von kleineren Tagungen mit einer Handvoll Teilnehmenden bis hin zu großen Tagungen mit mehreren hundert einzelnen Panels. Die Schwierigkeit liegt allerding darin, von der Existenz solcher Konferenzen überhaupt etwas mitzubekommen. Leider gibt es bislang kein Medium bzw. keine Plattform, über das bzw. die ihr euch zuverlässig mit Informationen über anstehende Ver-

---

[44] https://www.studysmarter.de/magazine/pomodoro-technik-produktivitaet-im-studium/ (Zuletzt geprüft: 28.02.2023).

anstaltungen versorgen könnt.[45] Vielmehr sind diese Informationen meist über den schwarzen Brettern der Fakultäten, Mailinglisten und Twitter etc. verstreut. Wichtig ist es daher, dass ihr andere Promovierende – vorzugsweise eures Fachbereichs – ansprecht und fragt, wie diese an Informationen kommen. Dabei ist die Wahrscheinlichkeit größer, dass ihr etwas von solchen Veranstaltungen mitbekommt, wenn ihr aktiv in den Universitätsbetrieb eingebunden seid.

Ihr könnt an Konferenzen einfach als Zuhörende teilnehmen oder **130**
aber – und das ist meist die interessantere Option – selbst einen Vortrag halten. Dies gibt euch die Chance, vor einem Publikum über euer Thema oder dessen Teilbereiche zu reden und Feedback zu bekommen. Dies kann vor allen Dingen auch interessant sein, wenn man den Vortrag im Ausland hält und durch Nachfragen und Anmerkungen die Sichtweisen aus anderen Rechtsordnungen auf bestimmte Probleme kennenlernt.

Jan: *Ich war während meiner Promotionszeit für einen Vortrag in New Orleans bei dem Annual Meeting der Law & Society Association. Hierbei handelt es sich um eine riesige Konferenz mit unzähligen Panels im Zusammenhang mit Fragen von Recht und Gesellschaft. Dieses jährliche Treffen findet einmal im Jahr an einem Ort rund um die Welt statt. So war beispielsweise im Jahr nach meiner Teilnahme Mexico City Veranstaltungsort. Für die nächsten Jahre sind Lissabon (2022), San Juan in Puerto Rico (2023) und Denver (2024) geplant. Meine Intention für die Teilnahme war zum einen Konferenzerfahrung sammeln zu können. Im akademischen Bereich kann es durchaus wertvoll sein, bestimmte Personen einmal persönlich getroffen und sich vernetzt zu haben. Auf der anderen Seite wollte ich gerne einmal versuchen mein Thema in einer anderen Sprache vorzustellen. Ich will allerdings nicht verhehlen, dass ich auch einfach sehr gerne einmal nach New Orleans wollte. Meine Schwester promovierte zu dieser Zeit in den USA und wir beide wurden nach unserer Bewerbung als Vortragende zu der Konferenz eingeladen. So konnte man das eine (Wissenschaft) mit dem anderen (Urlaub in einer tollen Stadt) sehr gut verbinden. Meine Universität zahlte einen Großteil der Flugkosten und die Teilnahmegebühr an der Konferenz, so dass es auch finanziell sehr lohnenswert war. Mein Panel selbst überraschte mich dann sehr positiv, weil im Zuge meines Vortrags wirklich eine Diskussion über mein Thema vorwiegend mit US-amerikanischen Familienrechtlern aufkam*

[45] Falls jemand von euch Lust haben sollte, eine entsprechende Webplattform aufzubauen, wäre ihm:ihr der Dank der Wissenschaftscommunity gewiss. Bei Interesse meldet euch gerne bei uns!

und ich wirklich wertvollen inhaltlichen Input mitnahm und danach wusste, dass ich mein Thema auch in einer fremden Sprache artikulieren kann. Wenn eure Arbeit sich also im weitesten Sinne mit dem Zusammenhang von Recht und Gesellschaft befasst, würde ich euch einmal einen Blick auf diese Konferenzreihe empfehlen.

131 Zur Finanzierung von internationalen Konferenzen: Wenn ihr Wissenschaftliche Mitarbeiter:in an der Universität seid, so steht euch in der Regel pro Jahr ein Reisebudget von einigen hundert Euro zu, die ihr für das Fahren zu Konferenzen oder Ähnlichem verwenden könnt.

b) Die Forschungsreise

132 Gerade wenn euer Thema einen starken internationalen Bezug hat, kann es sogar unerlässlich sein, dass ihr eine Reise ins Ausland unternehmt. Das kann beispielsweise dann der Fall sein, wenn ihr auf bestimmte Quellen angewiesen seid, die es nur an einem bestimmten Ort gibt.

Daria: *Ich bin für meine Dissertation zweimal nach Russland gereist, einmal nach St. Petersburg sowie einmal nach Moskau und Ivanovo (eine kleine Stadt in der Nähe von Moskau). Dort habe ich mich einerseits auf die historischen Spuren des Rechtstheoretikers begeben, über den ich promoviert habe, und gleichzeitig durch Besuche und Gespräche an den Universitäten einen Eindruck vom russischen Wissenschaftssystem bekommen. Beides war für meine Forschung sehr wichtig, denn es hat mir ein besseres Gespür für die theoretischen Texte des Theoretikers vermittelt. Zudem habe ich in den Moskauer Staatsarchiven einige (zumindest im deutschen Raum) bislang unentdeckte Dokumente über dessen Verhaftung im Jahr 1937 und Rehabilitationsansprüche seiner Frau im Jahr 1956 gefunden und mithilfe einer mitgereisten Kollegin übersetzt. Der Moment, auf so ein Dokument zu stoßen, ist unbeschreiblich, ich habe mich wie eine Detektivin gefühlt auf geheimer Mission (es war nicht einfach, in die Staatsarchive zu gelangen). Für die Reise habe ich auch etwas Russisch gelernt, auch das kann ein positiver Nebeneffekt einer Forschungsreise sein. Zudem habe ich gute Kontakte zu russischen Wissenschaftlern geknüpft, mit denen ich noch lange im Kontakt stand, um gemeinsame Projekte zu planen und den deutsch-russischen Wissenschaftsaustausch zu fördern.*

c) Visiting Researcher/Scholar

133 Fast alle ausländischen Universitäten haben Programme für Gastwissenschaftler:innen, die oft unter dem Namen „Visiting Researcher“ oder „Visiting Scholar“ firmieren. Mittels dieser Programme ist es möglich, für längere Zeit an einer Institution im Ausland zu forschen.

Wenn ihr also beispielsweise schon immer an einer Ivy-League-Universität Zeit verbringen wolltet, so kann das eure Chance sein, dort für einen begrenzten Zeitraum Erfahrungen zu sammeln. Die Voraussetzungen solcher Programme könnt ihr im Regelfall den Websites der entsprechenden Institutionen entnehmen. Nicht unterwähnt wollen wir allerdings lassen, dass ein solcher Aufenthalt auch mit hohen Kosten verbunden sein kann. So verlangt beispielsweise die Harvard Universität eine Gebühr von 2.900 $ von Visiting Researchern und gibt an, dass Visiting Researcher für ein Jahr mindestens 32.486 $ für Lebenshaltungskosten vorhalten müssen.[46]

Um euch einen individuellen Einblick in dieses Thema geben zu **134**
können, haben wir eine Kollegin zu ihren Auslandsaufenthalten während ihrer Promotionszeit interviewt. Sie hat ihre Arbeit im Völkerstrafrecht geschrieben und war im Rahmen dieser Arbeit 4 Monate an der Columbia Law School in New York und 3 Monate am Lauterpacht Centre for International Law in Cambridge:

Wieso hast du dich dafür entschieden für die Promotion zeitweise ins Ausland zu gehen?

Ich habe schon während des Studiums zwei Jahre im Ausland verbracht und immer sehr vom internationalen Austausch profitiert. Die Idee für meine Doktorarbeit entstand bereits während meines LL.M.s an der Columbia Law School, sodass ich durch den Aufenthalt zum Ort der Initialzündung zurückkehren wollte. Bei einer englischsprachigen Doktorarbeit im Völkerstrafrecht bietet es sich ohnehin an, diese nicht ausschließlich im Büro in Deutschland zu schreiben. Außerdem war für mich im Nachhinein das Networking sehr gewinnbringend. Menschen erinnern sich besser an dich, wenn sie immer wieder dein Gesicht bei Veranstaltungen sehen. An meiner deutschen Universität hatte ich nicht so viele Personen um mich, die mit den gleichen methodischen Fragestellungen, beispielsweise der Feststellung von Völkergewohnheitsrecht, befasst waren. Mein zweiter Auslandsaufenthalt war insbesondere nach dem ersten Pandemiejahr zu Inspirationszwecken dringend erforderlich.

Wie hast du die Forschungseinrichtungen gefunden bzw. ausgewählt?

Die Columbia Law School habe ich ausgewählt, weil ich dort die Idee zu meiner Doktorarbeit hatte und New York City ein Magnet für Völkerrechtler:innen ist. Ich habe in meiner Zeit durch den Besuch von Gastvorträgen an der Columbia oder beispielsweise den Besuch der

---

[46] https://hls.harvard.edu/dept/graduate-program/vsvr-program-cost/ (zuletzt geprüft 28.02.2023).

International Law Week sehr viele Personen kennengelernt, die im Völkerrecht praktizieren oder lehren. Anders gewendet: Ich habe den Großteil der Personen, die ich zitiere, persönlich erlebt, weil sie früher oder später in New York City bei einer Veranstaltung der Vereinten Nationen oder einer Universität waren.

Das Lauterpacht Centre wurde mir bisher von jeder Person empfohlen, die im Völkerrecht promoviert hat. Ich wollte endlich das europäische Mekka des Völkerrechts kennenlernen und hatte England bisher nicht in meinem Lebenslauf.

Wie lief das Bewerbungsverfahren ab?

Ich kann mich kaum noch daran erinnern. An der Columbia musste ich ein Motivationsschreiben und einen Lebenslauf einreichen. Beim Lauterpacht Centre einen Lebenslauf und ein Dokument mit meinem Forschungsvorhaben ausfüllen. Ich brauchte jeweils Empfehlungsschreiben von zwei Professor:innen. Alle Bewerbungen erfolgten auf dem Schriftweg.

Wie hat sich dein Arbeitsalltag von dem in Deutschland unterschieden?

In Deutschland habe ich in Teilzeit als wissenschaftliche Mitarbeiterin gearbeitet und war daher oft mit anderen Dingen als meiner Doktorarbeit beschäftigt. Die Auslandsaufenthalte haben es mir ermöglicht, mich 24/7 nur auf meine Doktorarbeit zu konzentrieren. Ich konnte ungeklärte Fragen bei meiner Doktorarbeit nicht verschieben und sie erst wieder angehen, nachdem ich die Arbeit für meinen Chef erledigt hatte, so wie ich das in Deutschland oft getan habe. Ich musste sie schlicht lösen. Mittagspausen habe ich im Ausland mit anderen Promovierenden im Völkerrecht verbracht, sodass ich mit ihnen kurz besprechen konnte, woran es gerade beim Schreiben „hakt". In Deutschland war ich nicht permanent von Völkerrechtler:innen umgeben.

Wie lief die Finanzierung?

Ich habe mich bei der Fulbright-Commission[47] *beworben, die mir den Aufenthalt an der Columbia Law School finanziert hat. Zudem habe ich vorgearbeitet und konnte den Rest somit durch eigenes Erspartes finanzieren. Der Cambridge-Aufenthalt wurde durch ein Stipendienprogramm meiner Heimatuniversität finanziert.*

---

[47] https://www.fulbright.de (zuletzt geprüft 28.02.2023).

Wem würdest du es weiterempfehlen?

Ich würde einen Auslandsaufenthalt jeder Person empfehlen, die eine Doktorarbeit mit Auslandsbezug oder im Völkerrecht schreibt. Wissenschaft macht mehr Spaß, wenn man unter Gleichgesinnten ist und ständig inspirierende Menschen kennenlernt. Selbst wenn man nur kurze Zeit im Ausland ist, so hat man mit diesen Bekanntschaften meist eine intensive Zeit, die sehr verbindet.

d) Die Finanzierung

Für die Finanzierung eines Auslandsaufenthalts während der Promotion gibt es verschiedene Möglichkeiten. 135

Bei längeren Forschungsvorhaben ist allen voran der DAAD (Deutscher Akademischer Austauschdienst) zu nennen. Auf der Webseite des DAAD findet sich zudem eine hilfreiche Stipendiendatenbank mittels derer gezielt nach passenden Stipendien gesucht werden kann.[48] Wir möchten euch an dieser Stelle eine kleine Übersicht der gängigsten Finanzierungsmöglichkeiten geben. Diese erhebt allerdings keinen Anspruch darauf abschließend zu sein. Solltet ihr mehr Informationen benötigen, so ist das Promotionsbüro eurer Universität die richtige Anlaufstelle.

- DAAD-Jahresstipendium für Promovierende[49]
  - Für Aufenthalte von einem bis zu zwölf Monaten
  - Monatliche Stipendienrate, die auf das Gastland abgestimmt ist
  - Reisekostenzuschuss
  - Leistungen zur Kranken-, Unfall- und Haftpflichtversicherung
  - Monatliche Forschungspauschale von 102 €
  - Zudem unter Umständen: Zuschüsse zu Studiengebühren und einem Sprachkurs
- Fulbright-Stipendium[50]
  - Für Aufenthalte von vier bis sechs Monaten an einer US-amerikanischen Hochschule
  - Finanzierung der Hin- und Rückreise
  - Monatlich 1.700 €
  - Nebenkostenpauschale von 300 €
  - Kranken- und Unfallversicherung

[48] https://www2.daad.de/deutschland/stipendium/datenbank/de/21148-stipendiendatenbank/ (zuletzt geprüft 28.02.2023).

[49] https://www2.daad.de/ausland/studieren/stipendium/de/70-stipendien-finden-und-bewerben/?detail=57556279 (zuletzt geprüft 28.02.2023).

[50] https://www.fulbright.de/programs-for-germans/nachwuchswissenschaftler-innen-und-hochschullehrer-innen/doktorandenprogramm (zuletzt geprüft 28.02.2023).

- Gebührenfreies Visum
- Vernetzung mit anderen Fulbright Stipendiat:innen.

2. Die Auslandspromotion

136 Neben Teilaufenthalten im Ausland ist es auch möglich, an einer Universität außerhalb Deutschlands zu promovieren. Dieser Weg ist jedoch eher speziell und alles andere als geläufig. Um euch hiervon trotzdem einen Einblick zu vermitteln, haben wir ein Interview mit einer Doktorandin geführt, die sich nach dem LL.M. an einer US-amerikanischen Universität dafür entschieden hat, dort auch noch zu promovieren.

Wieso hast du dich für eine Promotion im Ausland entschieden?

Ich habe mich für eine Promotion an einer US-amerikanischen Hochschule entschieden, weil ich dort das Gefühl hatte, dass interdisziplinäres Arbeiten eine größere Rolle spielt und bspw. ökonomische und soziologische Perspektiven besonders stark vertreten sind. Es herrscht kein so enges „dogmatisches" Verständnis des eigenen Fachs. Auch ist der Austausch mit Professor:innen und anderen Studierenden verschiedener Fachrichtungen sehr viel einfacher möglich. Auch habe ich die Erfahrung gemacht, dass die Betreuung sehr viel intensiver ist als in Deutschland. So ist es beispielsweise üblich, dass mehrere Entwürfe jedes Kapitels gelesen werden. Auch wird man schon sehr früh individuell gefördert und auf eine wissenschaftliche Karriere vorbereitet. Ich hatte zudem eher das Gefühl, direkt schon wie eine Wissenschaftlerin behandelt zu werden. Zudem gibt es gerade an den Ivy League Law Schools einfach mehr Geld für Archivreisen oder Konferenzteilnahmen. Bei mir spielten zudem Synergieeffekte zwischen meinem LL.M. und der Promotion eine Rolle. Ein weiterer Vorteil sind die m.E. besseren Chancen auf einen Job bei einer internationalen Einrichtung.

Wie lief das Bewerbungsverfahren ab?

Die Bewerbung für einen amerikanischen Jura-PhD ist mit Ausnahme von Berkeley nur nach erfolgreichem Absolvieren eines LL.M. an der gleichen Law School möglich. Neben dieser natürlich schon hohen Hürde werden für die Bewerbung ein Forschungsplan, der idealerweise schon eine These und Kapitelübersicht enthält, sowie zwei Empfehlungsschreiben benötigt.

Bitte beschreibe den Ablauf deines Promotionsprogrammes im Ausland!

Jede:r Promovierende ist im Wesentlichen auf sich alleine gestellt, aber meistens in enger Anbindung an den eigenen Betreuer. Es gab kein Methodenseminar o.Ä., aber die Möglichkeit, an Law School-Seminaren teilzunehmen. Zudem gab es einen sehr engen Austausch mit anderen Promovierenden, z.B. auch Works-in-Progress Veranstaltungen.

Wie lief die Finanzierung?

Für mein PhD-Programm gab es einen festen Förderungszeitraum von zwei Jahren. Danach hat man die Möglichkeit, sich durch die Übernahme von Lehrverpflichtungen über Wasser zu halten. Es ist aber empfehlenswert sich zusätzlich um eine Förderung aus Deutschland zu bewerben.

Welche Nachteile hat eine Auslandspromotion aus deiner Sicht?

Ich habe schon sehr früh gemerkt, dass ich mich vom deutschen rechtswissenschaftlichen Betrieb entfremdet habe. Man gewöhnt sich sehr schnell an die Freiheiten des anglo-amerikanischen Systems, und dies macht es umso schwerer, wieder in das deutsche System zurückzukehren. Ich habe zudem das Gefühl, dass eine ausländische Promotion von deutschen Jurist:innen häufig nicht als gleichwertig angesehen wird, was wohl vor allen Dingen auf Unkenntnis im Hinblick auf die ausländischen Promotionsprogramme beruht.

Kann ein ausländischer Doktortitel in Deutschland anerkannt werden?

Den Titel „Dr." kann man danach meist schon verwenden, allerdings ist es vorher notwendig dies zu beantragen. Im internationalen akademischen Betrieb wird ein PhD/JSD/SJD jedoch selten mit einer Promotion gleichgesetzt, sondern gleicht schon eher einer Habilitation. Wenn man eine wissenschaftliche Karriere in Deutschland anstrebt, würde ich eher von einer Promotion im Ausland abraten.

II. Fachkonferenzen, Tagungen, Symposien

An dieser Stelle möchten wir noch ein paar Worte im Hinblick auf **137**
Fachkonferenzen und ähnliche Veranstaltungen verlieren. Im Rahmen der Arbeit an eurer Dissertation werdet ihr über diverse Veranstaltungen stolpern, die mal mehr, mal weniger gut zu eurem Thema passen. Es ist nicht immer leicht, von passenden Fachkonferenzen, Tagungen

und Symposien zu erfahren. Leider gibt es in Deutschland keine zentrale Plattform, auf der solche Veranstaltungen annonciert werden. Vielmehr verbergen sich ihre Ankündigungen auf schwarzen Brettern, Rundmails und Webseiten. Es empfiehlt sich daher andere Doktorand:innen eures Fachbereichs zu fragen, woher diese ihre Informationen bekommen. Habt ihr eine Veranstaltung gefunden, die euch interessiert und zu eurem Thema passt, solltet ihr versuchen, daran teilzunehmen.

Selten werdet ihr auf einen Schlag so viele Menschen treffen, die euch gute Tipps und Anregungen zu euren Themen geben können. Es kann zudem für die Kontextualisierung eurer Arbeit wertvoll sein, einmal die Personen „live" kennenzulernen, die ihr in eurer Dissertation zitiert. Wenn es von Thematik und Format der Veranstaltung her passt, solltet ihr auch darüber nachdenken, euch selbst als Vortragende zu bewerben. Dies bringt große Vorteile mit sich: Zum einen habt ihr die Chance eure Thesen einem größeren Publikum zu präsentieren und so Feedback und Anregungen zu erhalten. Weiterhin ist der öffentliche Vortrag eine gute Übung im freien Sprechen vor Publikum. Dies ist – das ist uns bewusst – eine Sache, die manchen Menschen leichter und anderen schwerer fällt. Wenn ihr damit liebäugelt, später in der Wissenschaft tätig zu sein, so ist das Sprechen vor einem größeren Publikum aber Teil eures Jobs. Sowohl in der Lehre als auch beim Referieren eurer Forschungsergebnisse werdet ihr häufig vor einem Publikum stehen. Ihr solltet also schon während eurer Promotionszeit die Chance nutzen, Erfahrungen zu sammeln. Dies gilt übrigens auch, wenn ihr einen anderen juristischen Beruf wie Anwalt oder Richter anstrebt, bei dem das Sprechen vor vielen Leuten ein integraler Bestandteil ist.

Bei den meisten Konferenzen werden die Beiträge im Nachhinein gesammelt veröffentlicht. Dies geschieht entweder als Tagungsband in einem Fachverlag oder auch als Sonderausgabe oder Schwerpunkt in einer Zeitschrift. Euer Beitrag erscheint dann also auch noch einmal in schriftlicher Form und kann eure Publikationsliste anreichern.

Schließlich werden euch als referierender Person häufig die Kosten für Anreise und Übernachtung erstattet.

Ihr seht also, dass es einige nicht von der Hand zu weisende Vorteile gibt, an Konferenzen als speaker:in teilzunehmen. Gleichwohl wollen wir auch nicht verschweigen, dass die aktive Teilnahme an einer Konferenz auch mit einiger Arbeit verbunden ist. Ihr müsst einen Vortrag entwickeln und diesen einüben. Ihr werdet kritische Rückfragen bekommen, mit denen ihr euch auseinandersetzen müsst. Zudem kostet die Präsenz auf der Konferenz sowie die An- und Abreise Zeit und Energie. Ob sich der Besuch einer Konferenz für euch im Hinblick auf die Fertigstellung eurer Dissertation „lohnt" (und ob als aktive oder passive Teilnehmer:in) hängt letztlich davon ab, wie viel ihr selbst durch den Austausch mit anderen Wissenschaftler:innen zu eurem Thema mitnehmt. Unserer Erfahrung nach ist die Teilnahme an Konferenzen jedoch zumeist bereichernd und bringt vor allen Dingen auch Abwechslung in die Promotionszeit, welche sich gerade in der Mitte als eintönig und gleichförmig anfühlen kann.

Jan: *Ich habe einige Erfahrungen als Vortragender auf Konferenzen während meiner Promotionszeit sammeln können. Darunter war die eines Vortrags auf einer ausländischen Konferenz sicher am eindrücklichsten.*[51] *Daneben habe ich jedoch auch auf zwei Konferenzen in Deutschland als Vortragender teilgenommen, die sehr unterschiedlich waren. Die eine Konferenz fand an der Universität Regensburg statt und war sehr nah an meinem Thema. Ich konnte im Prinzip ein Kapitel meiner Dissertation auskoppeln und verdichtet – mit etwas anderen Schwerpunkten – vorstellen. Die Konferenz war eher klein. Neben den Vortragenden gab es nur wenige Personen, die als Zuhörer:innen teilnahmen. Gleichwohl oder vielleicht genau deswegen entwickelte sich nach jedem Vortrag eine sehr angeregte Debatte. Auch ich konnte einige sehr nützliche Hinweise mitnehmen. Zudem nahmen an der Konferenz auch Praktiker:innen teil und ich konnte mit diesen meine teils sehr theoretischen Ideen auf ihre Praktikabilität abklopfen.*

Die andere Konferenz, bei der ich einen Vortrag hielt, hatte hingegen gar nichts mit meiner Dissertation zu tun. Es handelte sich um eine Weinrechtstagung an der Mosel, für die mir aufgrund eines Nebenjobs während meines Studiums in einer Weinbar ein Thema eingefallen war. Die gesamte Veranstaltung fand auf einem Weingut statt und neben den Vortragenden waren ca. 70 Teilnehmende da. Für mich war es nicht nur die Chance, ein paar Tage an der Mosel zu verbringen, sondern auch ein eher nischiges Gebiet wie das Weinrecht und dessen Protagonisten näher kennenzulernen.

Daria: *Ich habe meine Dissertation während der Promotionszeit nur in einem interdisziplinären Forschungskolloquium an meiner Universität und auf einer Konferenz in Ivanovo (Russland) vorgestellt, welche mit dem wissenschaftlichen Anspruch einer europäischen Konferenz nicht zu vergleichen war. Insgesamt war ich während meiner Promotionszeit leider nicht viel auf Konferenzen – mein Eindruck war, dass dies an dem Lehrstuhl, an dem ich gearbeitet habe, nicht gezielt gefördert worden ist, und ich habe diesbezüglich kaum Informationen bekommen. Dazu muss man aber auch sagen, dass Recht und*

---

[51] Rn. 130.

Literatur ein neuer Bereich ist, der im deutschen Sprachraum erst in den letzten zwei Jahren, also in etwa zeitgleich mit der Abgabe meiner Dissertation, ein wirklich ein eigenständiger Forschungsbereich geworden ist, namentlich durch den Sonderforschungsbereich an der Universität Münster, der seitdem regelmäßig thematisch einschlägige Konferenzen veranstaltet. Aber im anglo-amerikanischen Sprachraum hätte es hierzu sehr viel gegeben, ebenso zu den rechtsphilosophischen Themen im deutschsprachigen Raum. Mittlerweile habe ich mir ein Netzwerk aufgebaut, durch das ich von thematisch einschlägigen Konferenzen erfahre, aber wenn man mit dem Promovieren beginnt ist man hier sehr auf die Betreuungsperson und die fortgeschritteneren Kolleg:innen am Lehrstuhl angewiesen. Seit ich die Dissertation fertig gestellt habe, gehe ich viel auf Konferenzen, bekomme hier inhaltlich sehr wertvollen Input, übe mich im Diskutieren und lerne interessante Personen kennen. Aus heutiger Perspektive denke ich, dass es sinnvoll gewesen wäre, schon während des Promotionsprozesses vermehrt den Austausch auf Konferenzen zu suchen, und würde euch auf jeden Fall dazu ermutigen, euch mit Abstracts für einschlägige Konferenzen zu bewerben oder einfach als Teilnehmende hinzugehen. Hierfür sind Netzwerke unter Doktorand:innen, also auf horizontaler Ebene, (s. Abschnitt Verteiler/Netzwerke) sehr wichtig, um auf thematisch einschlägige Konferenzen aufmerksam gemacht zu werden. Gut ist hier tatsächlich auch Twitter, da hier viele Wissenschaftler:innen relevante Call for Papers posten. Zudem habe ich oft auch einfach eigeninitiativ Personen angeschrieben, von denen ich dachte, es wäre sinnvoll, sich mit ihnen auszutauschen. Mein Tipp wäre also: Geht auf die Konferenzen, die für euch einschlägig sind, aber werdet darüber hinaus auch selbst aktiv und sucht euch die Austauschpersonen und -plattformen, die ihr braucht.

III. Die Promotion als Grundstein für eine wissenschaftliche Karriere

138 Das folgende Kapitel ist für euch relevant, wenn ihr euch vorstellen könnt, nach Fertigstellung der Promotion in der Wissenschaft zu bleiben. Wir werden hier versuchen, einige Tipps für ein solches Vorhaben zu geben, allerdings ohne Garantie für Erfolg, da wir selbst gerade erst dabei sind, eine wissenschaftliche Karriere aufzubauen.

Während eurer Promotionszeit könnt ihr bereits wichtige Vorbereitungsschritte treffen, die euch für die spätere Verfolgung einer wissenschaftlichen Karriere weiterhelfen können. Aber selbst wenn ihr es euch später anders überlegt und doch nicht in die Wissenschaft gehen wollt, können die nachfolgend aufgeführten Punkte für euch durchaus auch in anderen Arbeitsbereichen sinnvoll und bereichernd sein.

1. Schaffung eines Netzwerks

Bereits während eurer Promotion habt ihr die Möglichkeit, euch in der Wissenschaft ein Netzwerk zu schaffen, von dem ihr noch Jahre später profitieren könnt. Wenn ihr mit anderen Promovierenden aus eurem Fachbereich vernetzt seid, erfahrt ihr von diesen häufig über interessante Stellenausschreibungen und könnt euch fachlich austauschen. Wir sind der Meinung, dass Einzelkampf in der Wissenschaft keinen Spaß bringt und auch keine guten Ergebnisse produziert – auch wenn dies leider im Jurastudium von vielen Personen anders gelehrt und gelebt wird. Wenn ihr Menschen bei Konferenzen, Kolloquien oder auf anderem Wege kennenlernt, die eure Forschungsinteressen teilen, solltet ihr die Chance nutzen, euch auszutauschen und zu vernetzen. Stellt euch einfach vor, wie es später sein könnte, wenn viele eurer Bekanntschaften und ihr später Professor:innen an verschiedenen Fakultäten seid und euch dann eines Tages auf einer Fachtagung wiederseht. **139**

Auch kann es hilfreich sein, wenn ihr schon früh auf Veranstaltungen Präsenz zeigt und wahrgenommen werdet. Seid euch aber bewusst, dass ein positiver Eindruck weniger hängen bleiben wird als ein negativer und sucht daher Aufmerksamkeit nicht um jeden Preis, sondern nur, wenn ihr inhaltlich auch etwas zu sagen habt. **140**

Sinnvoll kann es auch sein, mit anderen Professor:innen jenseits eurer Betreuungsperson in Kontakt zu kommen, etwa wenn ihr bestimmte Fragen habt, für die die Person ein:e Expert:in ist. Hier muss es euch zwar nicht in erster Linie darum gehen, einen guten Eindruck zu machen, sondern einfach tatsächlich in fachlichen Austausch zu kommen, doch ihr könnt euch wiederum vergegenwärtigen, dass diese Person später in einer Berufungskommission sitzen kann und über eure Bewerbung entscheidet, wenn ihr euch später für eine Professur bewerbt. Daher gilt hier dasselbe wie bei Rn. 140. **141**

Es gibt auch einige Netzwerke, in denen sich zu engagieren unter Umständen sehr sinnvoll sein kann. Neben thematischen Vernetzungsforen (bspw. Junges Strafrecht,[52] JuWiss[53], GJZ[54], JFR,[55] LPE[56]) gibt es auch Netzwerke oder Vereine, die nicht-thematische Interessengruppen **142**

---

[52] https://www.jungesstrafrecht.de (zuletzt geprüft 28.02.2023).

[53] https://www.juwiss.lde/junge-wissenschaft-im-offentlichen-recht-e-v/ (zuletzt geprüft 28.02.2023).

[54] https://www.gjz.fau.de (zuletzt geprüft 28.02.2023).

vereinen. Es existieren insbesondere vermehrt Netzwerke für weibliche Nachwuchswissenschaftlerinnen. So bietet beispielsweise der djb ein Netzwerk für weibliche Nachwuchswissenschaftlerinnen.[57]

2. Veröffentlichungen

143 Im Laufe der Arbeit an eurer Dissertation werdet ihr immer wieder auf Themen stoßen, die ihr interessant findet, die aber nicht genau in den roten Faden eurer Arbeit passen.

Jan: *Ich habe bspw. im Rahmen meiner Dissertation erfahren, dass zwischen 1949 und 1990 West-Berlin einen rechtlichen Sonderstatus hatte, sodass das Bundesverfassungsgericht nicht für die Prüfung der Vereinbarkeit West-Berliner Rechts mit dem Grundgesetz zuständig war.*[58] *Dies führte zu teils sehr interessanten Konstellationen bei der Rechtsgeltung in der BRD und West-Berlin. Dies wäre für meine Dissertation jedoch zu weitführend gewesen.*

144 Aus solchen Themen könnt ihr, wenn ihr Zeit und Lust habt, kleine Aufsätze machen und diese versuchen zu veröffentlichen. Dies gilt insbesondere für „Throw-Outs“, also bereits geschriebene Teile, die ihr bei der Endredaktion eurer Arbeit streicht, weil der Teil nicht ins Gesamtgefüge der Arbeit passt.

Natürlich kostet die Arbeit an so einem Projekt Zeit, die ihr eigentlich für eure Dissertation brauchen könntet. Jedoch kann es auch manchmal befreiend sein, an einem „überschaubaren“ Projekt zu arbeiten und zwischendurch etwas abzuschließen. Gleichzeitig könnt ihr so schon während eurer Dissertation zu einigen Veröffentlichungen kommen. Bei Bewerbungen um Professuren und Juniorprofessuren werden grundsätzlich auch Veröffentlichungslisten angefragt. Publikationsverzeichnisse von Bewerber:innen um Juniorprofessuren enthalten in der Regel ca. 10–20 „ernsthafte“ Veröffentlichungen (exklusive Vorträge, Blogbeiträge etc.).

Deshalb kann es hilfreich sein, wenn ihr euch mit dem Abschluss eurer Dissertation – denn ab diesem Zeitpunkt könnt ihr euch um Juniorprofessuren bewerben – bereits ein Publikationsverzeichnis aufgebaut habt.

---

[55] https://www.rechtsphilosophie.wordpress.com/junges-forum-rechtsphilosophie/ (zuletzt geprüft 28.02.2023).

[56] https://www.lpeproject.org (zuletzt geprüft 28.02.2023).

[57] https://www.djb.de/junge-juristinnen/djb-dok-net (zuletzt geprüft 28.02.2023).

[58] *Schwabe*, Grundkurs Staatsrecht, 1983, S. 70 f.

Jedoch sind unserer Meinung nach Veröffentlichungen kein Selbstzweck. Es werden leider viel zu oft Beiträge veröffentlicht, deren wissenschaftlicher Mehrwert nicht besonders hoch ist und die den Eindruck erwecken, allein aufgrund des (gefühlten) Drucks zu publizieren geschrieben worden zu sein. Weder für die Lesenden noch die Verfassenden sind solche Beiträge eine Freude. Auch wenn wir das Konzept und den Zwang des strategischen Publizierens natürlich verstehen und nachvollziehen können, so möchten wir euch daran erinnern, dass eine Publikation immer Energie bündelt und Lebenszeit kostet, die ihr nicht für andere Dinge aufwenden könnt. Zudem werdet ihr, wenn ihr bspw. in einem Sammelband publiziert, mit den Herausgeber:innen und ihrer Vision des Sammelbands dauerhaft in Verbindung gebracht werden. Prüft daher stets kritisch, ob ihr euch wirklich mit einem von anderen Personen angestoßenen Projekt langfristig identifizieren könnt. Es kann auch eine wirkungsvolle Aussage sein, bei einem Projekt nicht mitzumachen, einen Text nicht zu publizieren. Es ist eine Kunst, nein zu sagen.[59] Dies ist etwas, das wir selbst gerade noch lernen. **145**

Finanziell – dies sei dazu gesagt – ist das Schreiben und Veröffentlichen nicht besonders ergiebig. Veröffentlicht ihr in einer Fachzeitschrift, so können im besten Fall ein paar hundert Euro dabei herumkommen. Zudem bekommt ihr auch noch Geld von der VG Wort.[60] Dennoch ergibt sich meist auf die Stunden heruntergerechnet, die ihr zum Abfassen benötigt, ein eher trauriges Bild. **146**

Daria: *Ich habe mit meinem damaligen Chef zusammen einen Aufsatz für GA (die wichtigste Archivzeitschrift im Strafrecht) geschrieben. Es war ein aufwendiger Prozess, neben meinem Referendariat. Hierfür haben wir als Honorar gemeinsam 120 € erhalten.*

Trotzdem wollen wir euch nur dazu raten, euch während eurer Promotionszeit an einem eigenen Aufsatzprojekt zu versuchen. Es ist nicht nur für euren Lebenslauf relevant, sondern auch einfach ein sehr schönes Gefühl, wenn ihr das erste Mal eine gedruckte Ausgabe einer Zeitschrift in der Hand haltet, in der euer Beitrag veröffentlicht wurde. **147**

Daria: *Ich habe im zweiten Jahr meiner Promotion einen Aufsatz verfasst, der die wesentlichen Argumente meiner Arbeit zusammenfasst. Es war ein langwieriger Prozess, in dem ich oft mit den Zähnen geknirscht habe, ich hatte ja keine Ahnung, wie sowas geht. Ich saß da mehrere Monate dran, habe den Text sehr oft umgeworfen und neu*

---

[59] Dies ist meine (*Daria*) ganz praktische Deutung von *Christoph Menkes* „Recht auf Enthaltung“.

[60] Rn. 239.

geschrieben. Aber schließlich wurde der Text angenommen, von einem bekannten Journal in der Rechtsphilosophie, und das war ein tolles Gefühl. Es war auch die erste offizielle Bestätigung, die ich für meine Arbeit erhalten habe, und dies hat mich motiviert, weiterzuschreiben. Zudem hat der Schreibprozess mir geholfen, meine Gedanken zu ordnen und meine These auf den Punkt zu bringen. Der Text ist zwar erst zwei Jahre nach Annahme erschienen (und damit erst einige Monate vor der Abgabe meiner Dissertation), aber das war für die persönliche Motivation irrelevant. Zudem habe ich auf Grundlage des Artikels einige Zuschriften und Kontakte erhalten, auch noch nach Veröffentlichung der Dissertation, da sich ein Artikel schneller lesen lässt als eine ganze Dissertation. Deshalb ergibt es auch Sinn, nach Fertigstellung der Dissertation einen zusammenfassenden Aufsatz zu verfassen, auch dies ist ein häufiges Vorgehen.

D. Mental health

148 Dies ist ein Thema, das unserer Erfahrung nach viele Promovierende umtreibt, über das aber wenig gesprochen wird. Wie ihr schon über die vorangegangenen Seiten bemerkt haben werdet, ist während der Promotionszeit viel eigenständige Arbeit gefragt. Ihr müsst euch um eine Finanzierung kümmern, euer Thema finden und euch eine eigene Arbeitsstruktur aufbauen. Schließlich müsst ihr die Arbeit auch noch schreiben. Gleichzeitig wird euch auch noch (unter anderem von uns) geraten, auf Konferenzen vorzutragen, ein Netzwerk aufzubauen und am besten noch ins Ausland zu gehen. Diese (gefühlten) Anforderungen können schnell zu einer Überforderung werden.

I. Krisen

149 Dass Krisen während der Promotionszeit keine Seltenheit sind, zeigt sich allein schon in der Tatsache, dass sie sogar schon kategorisiert wurden.[61] Es lassen sich verschiedene Standardkategorien von Krisen ausmachen. Unterteilt wird dabei mitunter in drei Arten, nämlich die „Materialkrise“, die „Relevanz- oder Sinnhaftigkeitskrise“ sowie die „Abschlusskrise“.[62]

149a Unter dem Stichwort „Materialkrise“ verstehen wir eine Situation, in der ihr euch von den heranzuziehenden Primär- und Sekundärquel-

[61] S. *Fiedler/Hebecker*: Promotionskrisen und ihre Bewältigung, S. 236 ff.; JuS-Magazin 01/02 2009, S. 5 ff., Promotionskrisen und Ihre Bewältigung.

[62] JuS-Magazin 01/02 2009, S. 8 f., Promotionskrisen und Ihre Bewältigung.

len überfordert fühlt, in der ihr schier keinen Weg zu finden scheint, die Stofffülle einzuordnen und zu strukturieren. Unsere Herangehensweise, um dem zu entgehen, haben wir unter Rn. 93 beschrieben. Die Materialkrise kann in jedem Stadium des Promotionsvorhabens auftreten, insbesondere am Anfang, wenn ihr euch ein Forschungsgebiet erst erschließen müsst, aber auch gerne gegen Ende, wenn ihr realisiert, dass ihr unmöglicherweise alle thematisch einschlägigen Texte vollständig lesen und einarbeiten könnt.

Mit „Relevanz- oder Sinnhaftigkeitskrise" meinen wir die Situation, **149b**
in der ihr beginnt, am (wissenschaftlichen) Mehrwert eurer Arbeit zu zweifeln und euch zu fragen, ob überhaupt irgendjemand eure Arbeit jemals lesen wird. Hierzu sei gesagt, dass wir keine Promovierende:n kennen, der oder die sich diese Frage in irgendeiner Facette nicht mindestens einmal gestellt hat (uns inbegriffen). Die einen sind zwar nach wie vor begeistert von ihrem Thema, hadern aber mit ihren eigenen *Fertigkeiten* in der Umsetzung. Die anderen verlieren während des Schreibprozesses die Überzeugung an der Relevanz ihres Themas.

Da diese Art von Krise eine Art Notwendigkeit des Schreibprozesses ist, solltet ihr euch davon nicht entmutigen lassen. Die wenigsten Dissertationen – und mögen sie noch so gut sein – werden es in die Tageszeitungen schaffen, noch sind die geeignet dafür, die gesamte Rechtswissenschaft zu revolutionieren (auch wenn dieses Anliegen natürlich eine hehre Motivation beim Abfassen der Arbeit ist).[63] Mit eurer Arbeit liefert ihr im besten Fall einen kleinen Mosaikstein, der das große Mosaik „Rechtswissenschaft" erweitert.

Solltet ihr in eine (unvermeidliche) „Relevanzkrise" geraten, dann geht in die Bibliothek und blättert dort wahllos in bereits veröffentlichten Dissertationen. Ihr werdet schnell merken, dass auch dort nicht das Rad neu erfunden wurde. Das heißt nicht, dass ihr euren Anspruch an euch und eure Arbeit von Anfang an möglichst niedrig ansetzen solltet. Wir wollen euch nur gerade in „Relevanzkrisenphasen" auf den Boden der Tatsachen zurückholen. Eine Doktorarbeit, so gut sie auch ist, wird von gestandenen Professor:innen als ein „Gesellenstück"[64] oder eine „Schülerarbeit" verstanden – eben der erste Moment der wissenschaft-

[63] Zur Beruhigung könnt ihr euch einmal die Preisträger:innen-Liste des mit 20.000 € dotierten wichtigsten deutschen Dissertationspreises (s. Rn. 219a) anschauen https://koerber-stiftung.de/projekte/deutscher-studienpreis/ (zuletzt geprüft 28.02.2023). Selbst die dort aufgelisteten, preisgekrönten Arbeiten beschäftigen sich jeweils nur mit einem ganz spezifischen Problem innerhalb einer Wissenschaftsdisziplin.

[64] *Pünder*, Zum Weg in die „Zunft" der Staatsrechtslehre – Erfahrungen, Beobachtungen, Einordnungen, S. 995 ff.

lichen Beschäftigung. Versucht also einfach, das Beste daraus zu machen!

Eure Arbeit wird in einer Auflage von 75–300 Stück erscheinen und im Zweifel erst in den nächsten Jahren annähernd diese Zahl an Leser:innen erreichen, wenn ihr nicht gerade ein hochaktuelles Thema bearbeitet (was wiederum die Gefahr birgt, dass, wenn euer Thema zu aktuell ist, es sich schon wieder erledigt hat, bevor eure Arbeit erscheint). Dies ist aber nicht schlimm und macht eure Arbeit auch nicht „sinnlos" – denn wieso schreibt ihr eine Dissertation? Unseren Umfragen zufolge (s. Rn. 9) entweder, um etwas über euch selbst zu erfahren (nämlich, ob euch im Hinblick auf eine potenzielle akademische Karriere wissenschaftliches Arbeiten liegt), weil euch das Thema interessiert oder weil ihr den Titel führen wollt. All diese Ziele erreicht ihr auch mit einer kleinen Auflage, und wenn ihr es auch nur schafft, eine Person von eurem Thema zu überzeugen, dann habt ihr unserer Meinung nach schon einiges erreicht.

149c Zuletzt lässt sich noch die „Abschlusskrise" als besonders verbreitete Krisenform ausmachen. Hiermit bezeichnen wir die Angst vor der Abgabe: Ihr habt das Gefühl, schon über die Gebühr viel Zeit und Kraft in die Arbeit investiert zu haben und plötzlich, als eure Arbeit beinahe fertig ist, habt ihr Angst, dass euer Ergebnis noch nicht ausreichend ist und ihr noch viel mehr Zeit und Kraft investieren müsst. Dieses Gefühl kann verstärkt werden von einer Materialkrise zweiter Art, in der ihr seht, dass ihr zwar schon sehr viel Text produziert habt, aber beim besten Willen nicht wisst, wie ihr daraus eine kohärente Arbeit schnüren sollt, die den Ansprüchen eurer Betreuer:in genügen soll. Hinzu kommt noch, dass mit der Abgabe der Promotion auch eine Lebensphase endet, und die Angst vor Neuem und den Ungewissheiten, die das Referendariat oder der Arbeitsmarkt mit sich bringen, können ebenfalls lähmend sein. Hier würden wir empfehlen, ein paar Tage Urlaub zu nehmen und in Ruhe herauszufinden, welche der vielen möglichen Ursachen hinter eurer „Abschlusskrise" stehen.

Wenn es Angst vor der unmittelbaren Zukunft ist, dann sei hier dieser (in der konkreten Situation sicher nicht besonders hilfreiche) Ratschlag erlaubt: Es hilft nichts abzuwarten und den Kopf in den Sand zu stecken! Wenn ihr Angst habt, im Referendariat oder auf dem Arbeitsmarkt zu versagen, wird es sicher nicht helfen, noch ein paar Monate oder sogar Jahre länger in eurem Status quo zu verharren. Schließt die Phase ab und nehmt euch lieber eine längere Auszeit, um den Kopf freizubekommen und Energie zu tanken, bevor ihr etwas Neues beginnt.

Wenn der Hintergrund der „Abschlusskrise" eigentlich eine verschleppte Material- oder Sinnkrise ist, dann hilft vielleicht das unter Rn. 149a und Rn. 149b Gesagte.

II. Der Vergleich mit anderen

Gerade vor dem Hintergrund, dass wir Jurist:innen es gewohnt sind, 150 uns stets mit anderen zu vergleichen, ist die Gefahr groß, dass wir uns während des Promotionsprozesses zurückziehen und einigeln. Es wird immer die eine Person geben, von der man erzählt, sie habe ihre Promotion in neun Monaten mit Bestnote abgeschlossen und nebenher noch zwei Jobs gehabt. Wir würden mal generell anzweifeln, ob diese Geschichten wirklich immer genau so stimmen, wie sie erzählt werden. Aber ganz unabhängig davon, ob sie nun stimmen oder nicht, sind solche Geschichten natürlich dazu geeignet, euch zu verunsichern – gerade in einer Phase, in der ihr besonders krisenanfällig (s. Rn. 149–149c) seid.

Wir möchten euch also dazu ermutigen – und wir wissen, dass das je 151 nach Gemütsverfassung nicht immer einfach ist –, euch nicht zu sehr von diesen Geschichten beeinflussen zu lassen. Die Zeit, die ihr für eure Promotion braucht, ist von vielen Faktoren abhängig, die ihr nur zum Teil beeinflussen könnt. Sie hängt insbesondere von der Komplexität des gewählten Themas und dem eigenen Anspruch an die Tiefe der Bearbeitung ab. Eine Arbeit in den rechtswissenschaftlichen Grundlagenfächern dauert in der Regel wesentlich länger als eine rein dogmatische Arbeit. Teilweise ist aufwendige Archivarbeit notwendig. Bei interdisziplinären Arbeiten kommt die Zeit hinzu, die ihr benötigt, um euch das Wissen um die Methodik und bestimmte Inhalte eines anderen Fachbereichs anzueignen. Schließlich können auch eure individuellen Lebensumstände dazu führen, dass ihr mehr oder weniger Zeit habt, an der Promotion zu arbeiten – etwa je nachdem, ob ihr auf einem Stipendium promoviert, nebenher arbeiten müsst, euch um Kinder oder Angehörige kümmern müsst etc.

Dass die (geplante) Dauer einer Promotion sehr unterschiedlich ist, zeigen auch die Ergebnisse unserer *Umfragen:*

Ca. 5% der von uns befragten Promovierenden gehen von einer Dauer unter einem Jahr aus, *ca. 25%* rechnen mit ca. 2 Jahren*, ca. 50%* planen eine Dauer von 3–4 Jahren ein, *fast 10%* gehen von 5–6 Jahren aus und schließlich planen *mehr als 5%* über 6 Jahre für ihre Promotion ein.

Diese Erwartungen der *Promovierenden* sind nicht allzu weit entfernt von den tatsächlichen Erfahrungen der *bereits promovierten Befragten: 15%* gaben an, ihr Promotionsvorhaben in ca. einem Jahr abgeschlossen zu haben. *38%* gaben an, ca. 2 Jahre für ihre Dissertation benötigt zu haben, *24%* brauchten 3 Jahre, *11%* 4 Jahre, *5%* 5 Jahre und fast *5%* 6 Jahre oder mehr.

152 Ihr seht also, dass es eine große Bandbreite hinsichtlich der Dauer einer Promotion gibt.[65] Darüber hinaus ist die genaue Definition von „Dauer der Promotion" auch unklar. Einige verstehen darunter nur den Zeitraum, in dem sie als Promotionsstudierende eingeschrieben waren, andere den gesamten Zeitraum von Ideenfindung bis Erscheinen des Buches. Dazwischen gibt es viele Graubereiche.

Daria: *Den ersten Kontakt zu meinem Betreuer hatte ich bereits im Dezember 2016 Hier haben wir aber ganz lose nur über ein Thema im Bereich „Recht und Literatur" gesprochen. Im Frühjahr 2017 habe ich dann, neben meinem Philosophie-Studium und dem Nebenjob in einem Café, bei einem weiteren Gespräch mit meinem Betreuer das Thema „materialistische Rechtskritik" zugespitzt und begonnen, mich in die Werke von Marx und Engels einzulesen. Im September 2017 habe ich am Lehrstuhl zu arbeiten begonnen und erst in diesem Zeitraum hat sich mein konkretes Thema zu Leben und Werk von Paschukanis herauskristallisiert. Im Frühjahr 2018 habe ich dann den Antrag bei der Andrea-von-Braun Stiftung eingereicht und erst als über diesen im Sommer 2018 positiv entschieden worden ist, habe ich ernsthaft damit begonnen, meine Idee eines Theaterstücks zu realisieren. Die Uraufführung des Stücks erfolgte im Mai 2019. Meine Promotion habe ich, soweit ich mich erinnere, im Sommer 2019 bei der Fakultät angemeldet und dann intensiv zu schreiben begonnen. Im August 2020 habe ich die erste Version der Dissertation bei meinem Betreuer zur „Vorabgabe" (hierzu s. Rn. 189) und im Herbst 2020 dann offiziell bei der Fakultät eingereicht. Meine Disputation erfolgte im Januar 2021. Erschienen ist das Buch schließlich im Sommer 2021. Man könnte also sagen, dass meine Promotion zwischen 1½ und 4½ Jahre gedauert hat, je nach Berechnung.*

Jan: *Ich habe im Oktober 2015 mit der Ausarbeitung meiner Dissertation begonnen. Mein Thema stand dabei schon relativ schnell fest, sodass ich direkt in die Materialsammlung einsteigen konnte. Ich habe dann erstmal drei Monate nur Material gesammelt und parallel versucht eine Struktur zu erstellen. Im Winter 2017/2018 war ich dann mit Schreiben fertig und habe die Korrekturen begonnen. Offiziell eingereicht habe ich die Arbeit im Frühjahr 2018. Bis zu meiner mündlichen Prüfung hat es dann allerdings bis zum Januar 2019 gedauert. Dazwischen musste ich aber nichts mehr an der Arbeit machen, sondern war*

[65] Der „Regelfall" scheint unseren Umfragen zufolge zwischen zwei und vier Jahren zu liegen. Allerdings stellt sich darüber hinaus die Frage, wie genau man diese Dauer berechnet (formell: Einschreibung bis Disputation, oder materiell: Zeit, in der man aktiv mit der Dissertation beschäftigt war).

im Referendariat. Ich betrachte die Zeit von Oktober 2015 bis Frühjahr 2018 daher als meine reale Promotionszeit, auch wenn sich dieser Prozess nach hinten raus noch gezogen hat.

Ferner sagt die Schnelligkeit nichts über die Güte der Arbeit aus. Ihr **153**
solltet euch daher nicht verrückt machen lassen. Dies gilt auch, wenn Personen, die mit euch die Promotion begonnen haben, schneller zu Ergebnissen kommen als ihr. Diese Vergleiche auf der Makroebene („Verfassen einer Dissertation") machen in dieser Pauschalität keinen Sinn, da die Arbeiten so verschieden sind. Wenn ihr hingegen merkt, dass einer anderen promovierenden Person eine bestimmte Arbeitsweise besonders leicht fällt oder sie besonders strukturiert zu sein scheint und ihr dort bei euch Entwicklungspotenzial seht, solltet ihr natürlich nicht zögern, höflich um ein wenig Rat zu bitten.

Wir möchten an dieser Stelle nochmal die Chance nutzen – vielleicht **153a**
habt ihr schon gemerkt, dass dies uns ein wichtiges Anliegen ist –, dafür zu werben, euch vom juristischen Konkurrenzdenken zu lösen. Das Promovieren ist zwar eine teils einsame Tätigkeit, aber kein Kampf gegen andere Promovierende. Eure Dissertationen behandeln verschiedene Themen und leisten im besten Fall *alle* einen Mehrwert zur rechtswissenschaftlichen Debatte. Die Bestnote *summa cum laude* wird prozentual gesehen recht häufig vergeben (s. Rn. 197). Wir halten das darwinistische „Fressen oder Gefressen werden", das uns leider im juristischen Studium oder in juristischen Serien wie *Suits* vermittelt wird, für genauso veraltet wie manch andere patriarchale Strukturen im universitären Ausbildungssystem (bspw: Wieso gibt es im juristischen Studium keine Gruppenarbeiten, wieso sprechen wir eigentlich immer noch von „Doktorvater" und „Doktormutter" und wieso muss man das Staatsexamen im 21. Jahrhundert immer noch mit der Hand schreiben?). Wir möchten dagegen auf das Prinzip der Kooperation setzen. Helft einander, seid tolerant für andere Meinungen und versucht, andere miteinzubeziehen. Aus unserer Erfahrung zahlt sich dies langfristig aus, nicht nur für euer eigenes Seelenheil, sondern auch für die Schaffung eines Netzwerks (s. Rn. 139 ff.) und nachhaltig produktiver Arbeitsbeziehungen (wie unsere ☺).

Zudem macht es eure Dissertation auch nicht „besser", wenn eine andere Dissertation (vermeintlich) „schlechter" ist, denn die Benotung eurer Dissertation hängt im Endeffekt – neben einem wissenschaftlichen Mindeststandard – auch ganz maßgeblich von den individuellen Ansprüchen und Vorlieben eurer Betreuungsperson ab, gerade wenn es um die Entscheidung zwischen „summa cum laude" und „magna cum laude" geht.[66] Eure Dissertationen stehen hierbei jedenfalls nicht in einem unmittelbaren Vergleich.

III. Der Abbruch der Promotion

154 Genauso wie es verschiedene Gründe gibt, eine Promotion zu beginnen (s. Rn. 7 ff.), gibt es auch verschiedene Gründe, eine Promotion abzubrechen. Auch dies ist ein Thema, über das eher selten öffentlich gesprochen wird.

Dabei ist es ganz normal, dass Lebensentwürfe sich ändern: Man will aus irgendwelchen Gründen möglichst schnell ins Referendariat oder Berufsleben starten, man zieht in eine andere Stadt. Die Gründe zum Abbrechen einer Promotion sind vielfältig und die Abbruchsquote nicht gerade niedrig.[67] Hierzu sei gesagt, dass der Abbruch einer Promotion häufig eher ein Prozess als eine Zäsur ist. Man schiebt beispielsweise schon länger eine halb fertige Dissertation vor sich her, dann beginnt man einen neuen Lebensabschnitt und hört irgendwann einfach auf, an der Dissertation zu arbeiten. Wir haben schon mit vielen Personen aus unserem beruflichen Umfeld zu tun gehabt, die uns irgendwann beiläufig erzählten, ja auch noch ein Promotionsvorhaben zu haben, das aber schon seit einigen Jahren nicht mehr angefasst worden sei. Diese Geschichten werden jedoch meist nicht traurig, sondern als Anekdoten erzählt, vielleicht mit einem nostalgischen Touch. Nach unserer Erfahrung scheinen die Betroffenen hierunter zumeist nicht besonders zu leiden. Dies mag auch daran liegen, dass ein nicht zu Ende gebrachtes Promotionsvorhaben im Berufsleben in der Regel keinen wirklichen Makel darstellt. Dies gilt insbesondere dann, wenn man in dieser Zeit als wissenschaftliche:r Mitarbeiter:in gearbeitet hat und somit den Promotionszeitraum im Lebenslauf mit etwas füllen kann.

155 Wenn ihr jedoch während der Promotion merken solltet, dass ihr mit den Belastungen einer Promotion nicht zurechtkommt – sei es, weil einsames Schreiben euch nicht liegt, weil ihr euch das falsche Thema oder die falsche Betreuungsperson gesucht habt (um dem vorzubeugen, s. Rn. 42 ff.) oder weil ihr merkt, dass das wissenschaftliche Arbeiten einfach nichts für euch ist, solltet ihr euch mit der Frage auseinandersetzen, ob es nicht sinnvoll ist, eine Zäsur herbeizuführen und die Arbeit bewusst abzubrechen. Jede Situation ist dabei individuell zu betrachten und wir können und möchten uns nicht anmaßen, hier ir-

[66] Übrigens könnt ihr mit beiden Noten eine wissenschaftliche Karriere anstreben, dazu Rn. 138 ff.

[67] Rn. 6.

gendwelche pauschalen Ratschläge zu geben, zumal wir beide unsere Promotion nicht abgebrochen und also keine Erfahrungen vorzuweisen haben. Wie oben beschrieben ist die Promotionsphase fast zwangsläufig mit Krisen verbunden (s. Rn. 149). Wenn ihr jedoch das Gefühl habt, aus diesen Krisen partout nicht herauszukommen, und ihr insbesondere merkt, dass euer körperliches und seelisches Wohlbefinden dauerhaft darunter leidet, ist es an der Zeit, euch mit Alternativen auseinanderzusetzen. Keine Arbeit ist es wert, die eigene Gesundheit dauerhaft zu schädigen. Auch hier können Studienberatungen ein erster Anlaufpunkt sein.

IV. Professionelle Hilfen

Wenn ihr merkt, dass ihr an einem Punkt während eurer Promotion **156**
derart überfordert seid, dass ihr das Gefühl habt, das nicht mehr in den Griff zu bekommen, sucht euch professionelle Hilfe. Dies können die Studienberatung sein oder psychologische Angebote der Universität oder ein:e Psychotherapeut:in. Wir wissen, dass allerhand Schauergeschichten hinsichtlich einer Psychotherapie und einer späteren Verbeamtung umhergeistern. Stimmen tun diese jedoch nicht.[68] Es ist immer besser nach Hilfe zu fragen als aus Stolz oder Angst unterzugehen.

Bitte achtet auf euch. **157**

E. Geschlecht und Promotion

Auch das Thema Geschlecht spielt im Promotionsprozess eine Rol- **158**
le. Wieso das so ist, wollen wir im nachfolgenden Kapitel erläutern. Vorweg möchten wir darauf hinweisen, dass selbstverständlich auch andere Faktoren wie Herkunft, Klasse, Hautfarbe und sexuelle Identität in Promotionsprozessen an deutschen Universitäten eine Rolle spielen können. Wir konzentrieren uns an dieser Stelle deshalb auf das Thema Geschlecht, da wir hier vermehrt auf unsere eigenen Erfahrungen zurückgreifen können. Wir möchten es uns nicht anmaßen, über diskriminierungssensible Bereiche zu schreiben, zu denen wir (noch) nicht genug Daten erhoben haben.[69]

Wir haben zu diesem Thema unsere Kollegin Dilken Çelebi befragt. **158a**

---

[68] https://www.lto.de/karriere/jura-studium/stories/detail/verhindert-psychotherapie-verbeamtung-jurastudium-referendariat-staatsdienst.

[69] Wenn ihr hierzu Erfahrungen mit uns teilen wollt, schreibt uns gerne!

Inwiefern spielt intersektionale Diskriminierung deiner Ansicht nach bei juristischen Promotionen eine Rolle?

Die im Studium verankerte intersektionale Diskriminierung wirkt sich m.E. in der Entscheidungsmöglichkeit und der Entscheidung zu einer Promotion fort.

Die Entscheidungsmöglichkeit ist bereits dadurch eingegrenzt, dass das Promotionsvergabeverfahren sehr „notenlastig" ist, womit Personen, die während des Studiums sehr viel Zeit in eine Erwerbstätigkeit stecken müssen und weniger Zeit zum Lernen haben, tendenziell weniger Chancen haben, eine Promotion zu beginnen. Da Armut häufiger Personen mit nicht-deutschem Hintergrund betrifft, liegt hier eine Benachteiligung vor. Hinzu kommt, dass Personen, soweit sie mehrere Diskriminierungsmerkmale in sich vereinen, jedenfalls in der mündlichen Prüfung statistisch schlechter abschneiden, weil sie diskriminiert werden. Meines Erachtens liegt daher im Zugang zu einer Promotion schon ein großes Einfallstor für intersektionale Diskriminierung oder ihre Perpetuierung.

Die Examensnote und/oder die Examensprüfung können außerdem, insbesondere im Fall einer intersektionalen Diskriminierung, für das Selbstbewusstsein sehr schädlich sein, was mich zum Punkt der Entscheidung selbst führt. Für die Entscheidung zu einer Promotion bedarf es m.E. eines gewissen Selbstbewusstseins und einer Identifizierung mit der Promotionsmöglichkeit. Personen, die eine Promotion in Erwägung ziehen, konnten m.E. schon gewissermaßen einen Erfolg im Studium verbuchen. Oder sie sind in einem familiären oder sozialen Umfeld groß geworden, in dem eine Promotion keine Ausnahme darstellt. Verbände können einen ebenfalls zur Promotion bewegen. Solche, die Betroffene intersektionaler Diskriminierung repräsentieren, gibt es aber zu wenige.

Hast du selbst Diskriminierungserfahrungen im Zuge deines Promotionsverfahrens gesammelt?

Ich persönlich habe die Promotion initial als sehr einsames Vorhaben erlebt, da ich extern promoviere. Positiv daran war, dass es mich zum einen vor Diskriminierung bewahrt hat. Zum anderen hat es mir die Möglichkeit gegeben, mir ein Umfeld, in dem ich mich entfalten konnte, selbst auszusuchen. Selbstverständlich habe ich ein Umfeld gesucht, in dem ich mich wohl fühle und in dem ich Menschen begegnet bin, die mich nicht nur fachlich bereichert, sondern durch ihren Glauben an mich auch persönlich sehr empowert haben.

Insgesamt möchte ich die Gelegenheit nutzen, alle Leute, die von intersektionaler Diskriminierung betroffen sind, zu motivieren, eine Promoti-

on als Chance der Selbstentfaltung und Selbstverwirklichung zu nehmen. Dabei möchte ich nicht leugnen, dass eine Promotion nicht auch ein verzweifeltes Unterfangen sein kann. Sie bietet euch aber auch Flexibilität, sodass sie vereinbar mit etlichen sonstigen Pflichten ist. Außerdem bietet sie euch die Freiheit, sich sowohl innerhalb als auch außerhalb der Promotion mit Themen auseinanderzusetzen, die euch interessieren und hier eine entsprechende Peergroup zu finden. Indem die Promotion euch die Spielregeln selbst bestimmen lässt, hat sie großes Potential. Sie bietet die Chance, Verbündete zu finden und sich zu verwirklichen. Nicht zuletzt entwickelt ihr euch zu Expert:innen, was euch Selbstbewusstsein für das Leben mitgibt, das euch in der Regel so leicht keiner nehmen kann.

Relevanz besitzt das Thema Geschlecht für eine Promotion auf vielerlei Weise. So stellt sich für jede:n Promovierende:n ganz grundsätzlich die Frage nach der Verwendung von genderneutraler Sprache im Schreibprozess. Darüber hinaus passiert es leider nach wie vor, dass Frauen wegen ihres Geschlechts diskriminiert und sexuell belästigt werden. Schließlich kann die Frage des Geschlechts insbesondere für Personen relevant werden, die in die Wissenschaft gehen wollen. **159**

I. Genderneutrale Sprache

Wie ihr mittlerweile gemerkt haben werdet, verwenden wir für dieses Buch genderneutrale Sprache. Die Frage des „Ob" und des „Wie" von genderneutraler Sprache ist – gerade in der eher konservativ geprägten Rechtswissenschaft – jedoch alles andere als unumstritten. **160**

In den letzten Jahren hat sich das Verwenden von genderneutraler Sprache in vielen Bereichen durchgesetzt. Auch im akademischen Betrieb wird in der alltäglichen Verwaltungskommunikation mittlerweile überwiegend gendergerechte Sprache genutzt. **161**

Innerhalb der Rechtswissenschaft wird das Thema unserer Erfahrung nach sehr kritisch betrachtet. (Sprachliche) Veränderungen jeder Art sind in einer auf Beständigkeit und Stabilität ausgelegten Rechtswissenschaft generell nicht gerne gesehen. Ein Blick in juristische Fachzeitschriften und Monografien bestätigt diesen Eindruck. **162**

Daria: *Es gibt gerade im Strafrecht renommierte Zeitschriften wie Goltdammer's Archiv für Strafrecht (GA), die euch jeden Versuch des Verwendens von genderneutraler Sprache – sogar das „minimalinvasive" Benutzen der weiblichen statt der männlichen Form (also etwa: Angeklagte statt Angeklagter) – aus dem Manuskript streichen werden.*

163 Es lässt sich also festhalten, dass an der Universität die Alltagskommunikation zwar überwiegend in gendergerechter Sprache erfolgt, die juristische Fachkommunikation aber eher selten. Was bedeutet dies nun für eure Dissertation?

164 Zum einen müsst ihr euch an einem gewissen Punkt grundsätzlich entscheiden, ob ihr eure Dissertation in gendergerechter Sprache verfassen wollt oder nicht. Es spart Zeit, wenn ihr diese Entscheidung möglich früh im Promotionsprozess trefft. Dabei solltet ihr euch klar machen, dass die Frage nach genderneutraler Sprache ein Thema ist, das sich selbst in der eher konservativen Rechtswissenschaft „im Fluss" befindet. Ihr solltet eure Entscheidung also auch im Hinblick darauf treffen, dass die Dissertation ein Lebenswerk ist und die Form wählen, die ihr – innerhalb der systemischen Zwänge, s. Rn. 165 f.) – für richtig erachtet.

Jan: *Als ich 2015 mit der Arbeit an meiner Dissertation begonnen habe, war das Thema Gendern – zumindest an meiner juristischen Fakultät – noch nicht besonders groß. Die Idee davon, dass man „sogar" gesprochenes Deutsch gendern könne, schien eher absurd. Jetzt, sieben Jahre später, ist dies in vielen Bereich völlig normal. Ich habe meine Dissertation nicht gegendert und mich auf die Position zurückgezogen, dass ich eine rechtshistorische Arbeit schreibe und sehr viele Direktzitate von Primärquellen verwende. Das Gendern des Textes hätte eine zu große Diskrepanz zu den Primärquellen hergestellt. Damit habe ich es mir für mich sehr einfach gemacht und mich nicht mehr mit dem Thema befasst. Aus der heutigen Sicht kann ich zwar nicht sagen, ob ich meine Dissertation gendern würde, allerdings würde ich mir vor dem Hintergrund der gesellschaftlichen Entwicklung hin zu Sprachegalität, die ich jetzt sehr begrüße, vertieftere Gedanken machen.*

Daria: *Ich habe meine Dissertation 2017 begonnen und mir sehr viele Gedanken über die richtige Art und Weise genderneutraler Sprache in meiner Arbeit gemacht. Mehrmals habe ich meinen Text deswegen geändert. Für mich stellte sich dabei insbesondere die Schwierigkeit, dass ich einerseits inhaltlich eine Kritik des Rechts als Herrschaftsinstrument geübt habe und daher genderneutrale Sprache für mich selbstverständlich war und gleichzeitig meine Primärquellen (Paschukanis, Marx und Engels) überwiegend nicht gegendert waren. Ich habe daher eine Art Hybrid-Lösung gewählt: In meinem eigenen Text – abgesehen vom Theaterstück – habe ich vermehrt die weibliche oder, wo möglich, eine neutrale Form benutzt. In die Originalzitate habe ich dagegen nicht eingegriffen, sodass hier ausschließlich die männliche Form benutzt wird. Im Ergebnis hat sich so ein mehr oder* *weniger ausgeglichenes Verhältnis zwischen weiblicher, männlicher und neutraler Form ergeben.*

Speziell an der Dissertationssituation und ggf. limitierend ist dabei (im Vergleich zum Verfassen eines Aufsatzes oder eines Tagungsbeitrags), dass ihr aufgrund der hierarchischen Machtstruktur an der Universität zunächst darauf angewiesen seid, dass eure Entscheidung von eurer Betreuungsperson mitgetragen wird. In unserer Zeit an der Universität sind uns einige Professor:innen begegnet, die „das Gendern" vehement ablehnten und gegenderte Arbeiten wohl nicht angenommen hätten. Dies bedeutet in keinster Weise, dass ihr Personen mit so einer Reaktion gewähren lassen und eine solche Situation hinnehmen solltet, jedoch wird es euch aufgrund des Abhängigkeitsverhältnisses an der Universität häufig schwerfallen, euch effektiv dagegen zur Wehr zu setzen.[70] **165**

Ein zweiter neuralgischer Punkt sind die Verlage. Gerade bei den traditionellen Verlagshäusern werdet ihr mit gegenderten Arbeiten zum Teil keine offenen Türen einrennen. **166**

Daria: *Meine „minimalinvasive" Version (s. Rn. 164) hat bei Duncker & Humblot niemanden gestört. Ich habe meine Dissertation dort in der Reihe „Recht und Philosophie" publiziert (s. Rn. 215), die ich als progressive Reihe wahrnehme. Ich weiß nicht, ob ich meine Dissertation hätte anpassen müssen, wenn ich bei einer eher konservativen Reihen im selben Verlag publiziert hätte.* **167**

Andersherum kann es genauso gut sein, gerade wenn ihr euch mit eurer Arbeit in einem progressiven Umfeld bewegt (bspw. wenn ihr interdisziplinär und an der Schnittstelle zur Soziologie arbeitet), dass es sehr negativ auffällt, wenn ihr keine genderneutrale Sprache verwendet. Dies ist bei „normalen" juristischen Dissertationen aber weniger wahrscheinlich. **168**

Wenn ihr die Frage des „Ob" des Verwendens genderneutraler Sprache für euch entschieden habt, stellt sich noch die Frage des „Wie". Es gibt, wie ihr sicher wisst, viele verschiedene Formen, die eigenen Texte zu gendern, die von der Verwendung der weiblichen Form über vermehrte Partizipienbildung bis hin zum „:" reichen können. Als Orientierung hierfür kann der mit der Initiative OpenRewi entstehende Leitfaden für gender- und diskriminierungssensibilisierte **169**

---

[70] Auch dies ist daher ein Faktor sein, den ihr bei der Wahl eurer Betreuungsperson (s. Rn. 42 ff.) mitbedenken solltet.

Sprache in der Dissertation dienen.[71] Der Leitfaden ist frei zugänglich und veränderbar.

II. Geschlechter in der Wissenschaft

170 Im Hinblick auf eine wissenschaftliche Karriere spielt auch das Geschlecht eine Rolle. Wenn wir uns beispielsweise die ordentlichen Professor:innen an den juristischen Fakultäten der LMU München und der Universität Hamburg anschauen, so sind 86% der Professor:innen männlich.[72]

171 Um dieses Ungleichgewicht, das deutschlandweit und fachbereichsübergreifend vorhanden ist – im Durchschnitt sind nur ¼ der W3-Professuren weiblich besetzt –[73] zu reduzieren, sind die Universitäten bestrebt, verstärkt Wissenschaftlerinnen zu fördern. In vielen Stellenausschreibungen für Wissenschaftler:innen heißt es daher etwa:

> *Diversität und Inklusion sind der Institution XY ein großes Anliegen. Wir laden daher insbesondere Frauen ein, sich zu bewerben. Bei gleicher Qualifikation werden Frauen bevorzugt eingestellt.*[74]

172 Nominell haben Frauen daher vorteilhafte Karrierechancen in der Wissenschaft. Zudem haben sich in den letzten Jahren beispielsweise durch den Deutschen Juristinnenbund (DJB) verschiedene Netzwerke gegründet, die aktiv daran arbeiten, Frauen in der Wissenschaft zu unterstützen.

---

[71] *Aberkane e.al.*: Gendern in der Dissertation, https://de.wikibooks.org/wiki/OpenRewi/_Gendern_in_der_Dissertation.

[72] https://www.jura.uni-muenchen.de/fakultaet/lehrstuehle/index.html; https://www.jura.uni-hamburg.de/die-fakultaet/professorinnen-professoren.html (Stand Dezember 2022).

[73] https://www.tagesschau.de/inland/universitaeten-professorinnen-101.html. (zuletzt geprüft 28.02.2023).

[74] Die Universität Hamburg hat mittlerweile aufgrund der Vorgaben im Hamburger Hochschulgesetz paradoxerweise einen gegenteiligen Zusatz in ihre Ausschreibungen aufgenommen. Dort heißt es: „Die FHH fördert die Gleichstellung von Frauen und Männern. An der Universität Hamburg sind Männer in der Stellenkategorie der hier ausgeschriebenen Stelle, gemäß Auswertung nach den Vorgaben des Hamburgischen Gleichstellungsgesetzes (HmbGleiG), unterrepräsentiert. Wir fordern Männer daher ausdrücklich auf, sich zu bewerben. Sie werden bei gleicher Eignung, Befähigung und fachlicher Leistung vorrangig berücksichtigt." Dies führt gerade im juristischen Bereich zu einem bizarren Ergebnis; s. hierzu auch die kontrovers diskutierte Diskussion auf Twitter: https://twitter.com/daria_officiel/status/1603905095166476288?s=20&t=UpAAewabYMU1s_xChSlEHQ (Zuletzt geprüft 28.02.2023).

Gleichzeitig haben Frauen in der nach wie vor männlich dominierten Wissenschaft mit geschlechtsspezifischen Problemen zu kämpfen, die – zumindest nach unserer Erfahrung – Männer so nicht (oder zumindest nicht in gleichem Ausmaß) treffen. Wir kennen beispielsweise viele Frauen, die sich im Wissenschaftsbetrieb trotz herausragender Leistungen nicht ernst genommen und auf ihr Aussehen reduziert fühlen. Zu diesem Themenkomplex wollen wir euch daher kurz unsere eigenen Erfahrungen schildern: 173

Daria: *Ich war neben unserer Sekretärin die einzige weibliche Mitarbeiterin am Lehrstuhl. Mir hat ein (wissenschaftlicher) Austausch mit anderen Frauen gefehlt, auch weil mein Chef und meine Kollegen nicht besonders diskriminierungssensibel waren und viele genderspezifische Probleme nicht anerkennen wollten. Es wurde auch oft mein Aussehen thematisiert und kommentiert, beim Lehrstuhlfoto wurde ich strategisch in der Mitte, direkt neben unserem Chef, platziert und ich wurde für das Wohlergehen meiner männlichen Kollegen verantwortlich gemacht. Deshalb habe ich schon früh den Kontakt zu anderen Lehrstühlen gesucht. An der Universität Hamburg gibt es das Magdalene-Schoch-Mentoring-Programm, das gezielt Nachwuchswissenschaftlerinnen fördert. Hier habe ich mich beworben und zwei Jahre lang teilgenommen. Dies war ein sehr wichtiges Supportnetzwerk während der Promotionsphase und ich kann jeder Frau empfehlen, nach solchen Programmen an der eigenen Universität Ausschau zu halten. Neben verschiedenen Trainings wie Stimmtraining oder Zeitmanagement haben wir auch ein individuelles Coaching erhalten. Zudem haben wir uns als Gruppe kennengelernt und einen vertraulichen Raum geschaffen, in dem Dinge geteilt werden konnten, für die am Lehrstuhl kein Raum war und in dem wir uns gegenseitig unterstützt haben. Die aus dem Mentoring gewonnenen Bekanntschaften sind für mich bis heute eine wichtige Stütze im akademischen Umfeld. Nach Abschluss der Promotion bin ich in den Deutschen Juristinnenbund (DJB) eingetreten. Die Mitgliedschaft im DJB empfinde ich als sehr bereichernd, gewinnbringend und empowernd. Auch beim DJB gibt es ein Doktorandinnennetzwerk, das vielfältige Vernetzungsmöglichkeiten für junge Frauen bietet. Zudem kann man sich beim DJB in den verschiedenen Fachkommissionen engagieren und sich so nicht nur intern vernetzen, sondern auch inhaltlich im Rahmen des eigenen Fachgebiets dazu beitragen, die Rechte von Frauen generell zu stärken. Auch hier kann ich den Eintritt und die Kommissionsmitarbeit wärmstens empfehlen!*

Jan: *Ich bin erst relativ spät mit der Frage meines Geschlechts im Wissenschaftsbetrieb konfrontiert worden. Ich musste mich schlicht* *nicht damit auseinandersetzen. Dies änderte sich jedoch in der Endphase meiner Dissertation und bei der Frage, ob ich eine wissenschaftliche Karriere weiterverfolgen sollte. Von verschiedenen Personen aus dem akademischen Umfeld wurde mir davon abgeraten, weil betont wurde, dass ich als Mann wesentlich geringere Chancen hätte. Gesamtgesellschaftlich finde ich die Entwicklung zu mehr Diversität an den Universitäten völlig richtig und mir ist auch vollkommen bewusst, dass für diese Veränderungen individuelle Opfer notwendig sein können. Ich haderte nur damit, wieso ‚gerade ich' benachteiligt werden sollte. Dieses Gefühl stellte sich auch vor dem Hintergrund ein, dass gerade im akademischen Umfeld die Förderungsmöglichkeiten für Frauen in den letzten Jahren enorm zugenommen haben. So wurden ganze Netzwerke geschaffen, die Männer qua Geschlechts exkludierten. Vor dem Hintergrund der noch bestehenden universitären Strukturen ist dies zwar völlig richtig, jedoch fühlte es sich für mich individuell schwierig an von Personen, die in den Genuss weit umfassenderer Förderungsmöglichkeiten kamen und bessere Karrierechancen hatten, meine männlichen Privilegien vorgehalten zu bekommen. Außer Acht gelassen habe ich dabei jedoch völlig die nach wie vor bestehende männliche Dominanz an den Universitäten, die ich als Mann gar nicht in dieser Form wahrnahm. Heute würde ich das Ganze daher wesentlich differenzierter betrachten.*

Kapitel 3. Die Fertigstellung der Dissertation

A. Das Ende des Schreibprozesses

Woher wisst ihr eigentlich, dass ihr fertig seid? 174

I. Der Anfang vom Ende

Diese Frage ist gar nicht so leicht zu beantworten, denn leider werdet ihr in den seltensten Fällen so strukturiert gearbeitet haben, dass ihr die Arbeit von vorne bis hinten lückenlos durchgeschrieben habt, ihr dann einfach nur noch das Fazit schreiben müsst und damit auf einen Schlag fertig seid. Vielmehr ist der Regelfall eher der, dass ihr, sobald ihr alle Themen, die ihr euch in der Gliederung aufgeschrieben und im Laufe der Arbeit gesammelt habt, behandelt habt, lediglich eine erste Rohfassung besitzt. Hier stellt sich dann zunächst die komplizierte Frage, ob ihr alle Themen auch gründlich genug behandelt habt bzw. ob ihr nicht noch viel tiefer hättet einsteigen müssen. Denn das grundlegende Problem einer Promotion ist, dass man fast an jedem Punkt noch viele weitere Abzweigungen nehmen und noch tiefer einsteigen kann. Die Promotionsarbeit kann so, bei übertriebenem Perfektionsanspruch, zu einer wahren Sisyphos-Arbeit werden. Nach unserer Erfahrung – und glaubt uns, wir haben uns ebenso den Kopf über dieses Problem zermartert wie ihr – ist es zielführend, nur so tief in eine Materie einzudringen, wie es die Kohärenz der eigenen Arbeit erfordert, das heißt, soweit es zur argumentativen Belegung eurer These absolut notwendig ist. Nicht jedes Themengebiet eurer Dissertation muss von euch bis ins letzte Detail ausgearbeitet werden. Vielmehr gilt es auch hier – wie bei juristischen Klausuren – die richtigen Schwerpunkte zu setzen. Wenn ihr also jeden Themenkomplex, zu dem ihr etwas schreiben wolltet, behandelt habt, würden wir euch raten, zunächst durchzuatmen und optimistisch zu sein. Geht davon aus, dass das – soweit es mehr als ca. 150 Seiten mit Literaturverzeichnis sind – genug ist. Dass etwas an einer bestimmten Stelle fehlt, werdet ihr nämlich am besten merken, wenn ihr das Dokument über- und den roten Faden eurer Dissertation herausarbeitet. Denn die wirkliche Arbeit wartet erst auf euch: das Überarbeiten, Glattziehen und Finalisieren der Fußnoten. 175

II. Den roten Faden finden

176 Habt ihr die Rohfassung erstellt (s. Rn. 175), gilt es im nächsten Schritt, den roten Faden eurer Arbeit (wieder) zu finden. Was meinen wir damit?

177 Im Laufe der Arbeit an eurem Promotionsprojekt werdet ihr euch mit unzähligen kleineren Fragestellungen und Problemen auseinandersetzen, die teilweise selbst eigene Fragestellungen und Probleme enthalten und so weiter. Ihr werdet in thematische Tiefen abtauchen und drei Tage lang lesen, nur um einen Absatz zu schreiben. Ihr werdet so Expert:innen auf Nischengebieten werden. Bei dieser Arbeit geschieht es leicht, dass ihr das Ziel und den Sinn der Arbeit aus dem Blick verliert. Habt ihr also Seite um Seite gefüllt und nun alle Themen behandelt, gilt es von der Mikro- auf die Makroebene zurückzukehren: zu dem, was ihr mit der Arbeit bezweckt. Das ist euer roter Faden. Ihr habt euch zu Beginn eine oder mehrere Forschungsfragen gestellt und wolltet diese in eurer Arbeit beantworten. Das ist die wissenschaftliche Existenzberechtigung eurer Arbeit und dem hat sich alles angesammelte Wissen unterzuordnen.

178 Ihr müsst euch also bei jedem Teil eurer Dissertation die Frage stellen, ob und welche Rolle dieser bei der Beantwortung der Forschungsfragen spielt. Es kann sein, dass ihr „im Eifer des Gefechts" sehr viel zu einem bestimmten Thema geschrieben und viele Tage oder sogar Wochen mit der Recherche verbracht habt, nur um am Ende festzustellen, dass das Ergebnis für euer eigentliches Forschungsvorhaben nur von geringer Bedeutung ist. So etwas passiert und es ist schmerzhaft, Teile, die man sich mühevoll in Wochen erarbeitet hat, einfach zu streichen. Doch dies ist aus unserer Sicht ein essenzieller Teil des Arbeitsprozesses. Die Recherche wird euch, selbst wenn ihr die hierdurch produzierten Seiten in eurer Dissertation schreibt, trotzdem etwas genützt haben – nämlich klarer eure These zu sehen.

179 In dieser Phase kann es hilfreich sein, mit eurer Betreuungsperson oder anderen Wissenschaftler:innen auf eurem Gebiet in Kontakt zu treten. Man selbst tut sich mitunter nämlich, gerade weil man so intensiv dazu gearbeitet hat, schwer zu erkennen, welche Teile von außen betrachtet wichtig oder unwichtig sind. Gerade was die deskriptiven Teile der Arbeit angeht, also die Teile, in denen eure eigene Denkleistung nicht im Vordergrund steht, sondern ihr die Lesenden an euer Thema erst heranführt, ist es als „Expert:in" schwer zu erkennen, welche Informationen für ein Verständnis des Textes essentiell sind und welche nicht. Dritte, unbefangene Personen können euch dabei helfen, Wichtiges von Unwichtigem zu trennen.

Daneben würden wir euch jedoch auch raten, selbst durch den Text zu gehen und euch die Stellen zu markieren, die eures Erachtens gestrichen werden können. Notiert euch in Randkommentaren gerne, wieso diese Teile aus eurer Sicht gestrichen werden können.[75] **180**

Dann speichert ihr eine neue Version eurer Doktorarbeit und nennt sie bspw. „Bastelversion". Hier könnt ihr euch dann erlauben, zu experimentieren. Streicht raus, stellt um, rearrangiert. Alles unter der Prämisse der Beantwortung eurer Forschungsfragen. Ihr werdet merken, wie ihr zuweilen durch ein paar Umstellungen dem Text eine ganz neue Dynamik entlocken könnt. Plötzlich verbinden sich Textblöcke organisch, die vorher noch kapitelweit voneinander entfernt standen. Gebt euch ein paar Tage Zeit für diesen Prozess und habt keine Angst, eure Arbeit zu zerstören. Ihr habt ja nach wie vor die abgespeicherte Originalversion, zu der ihr jederzeit zurückkehren könnt. Auch hier gilt: Die Bastelphase ist nicht vergeblich, selbst wenn ihr am Ende bei der Originalversion bleibt, weil ihr durch das Ausprobieren sicherer mit eurer eigenen Arbeit werdet. Dieser Prozess kann dabei helfen, die eigene Arbeit nicht mehr als einen großen Flickenteppich zu sehen, sondern die einzelnen Teile und ihre Beziehungen zueinander zu erkennen. Dies ist wichtig, denn eure Arbeit sollte immer den Lesenden deutlich zu erkennen geben, dass alles, was ihr schreibt, der Beantwortung eurer Forschungsfrage dient. **181**

Sinnvoll ist es auch, die gestrichenen Stellen in ein neues Dokument zu kopieren (das ihr bspw. „Throw out" nennt). Denn vielleicht müsst ihr die Teile am Ende doch wieder hereinnehmen, falls eure Arbeit „zu dicht" (s. Rn. 183) geworden ist. Falls nicht, könnt ihr aus dem „Throw Out" nach Abschluss eurer Dissertation wunderbar einen Aufsatz basteln (s. Rn. 147). **182**

Gleichzeitig möchten wir euch nahelegen, darauf zu achten, dass eure Arbeit nicht „zu dicht" ist. So habt ihr eventuell wochenlang recherchiert, nur um eine Seite zu Papier zu bringen. Euch mag daher der Inhalt dieser Seite banal und offensichtlich vorkommen und ihr könntet dazu neigen, die Dinge sehr stark zu verkürzen. Habt bei der Erstellung der Rohfassung nicht nur eure These, sondern auch euer Zielpublikum im Kopf. Wer das Zielpublikum ist, hängt natürlich immer von euren eigenen Ansprüchen ab, aber wir würden empfehlen, eine juristisch durchschnittlich vorgebildete Person ohne spezifisches Fachwissen in **183**

---

[75] Achtung: Hierzu noch ein wichtiger Hinweis für die weitere Arbeit. Wenn ihr ganze Textblöcke streicht, werdet ihr auch Fußnoten streichen. Die dort zitierten Werke müssen, wenn sie nur an der gestrichenen Stelle zitiert wurden, auch aus dem Literaturverzeichnis entfernt werden. Das hört sich zwar banal an, aber im Arbeitseifer kann es schnell passieren, dass man es vergisst.

eurem Spezialgebiet zu adressieren. Für diese Person kann das, was ihr nach wochenlanger Recherche als selbstverständlich und offensichtlich erachtet, nicht selbstverständlich und offensichtlich sein. Nehmt eure:n hypothetische:n Leser:in daher an der Hand, erklärt einzelne Begriffe, stellt rhetorische Fragen, macht Absätze. Ihr werdet sehen, dass ihr alleine durch Beachtung dieser Regel viele Seiten „Masse" dazugewinnen werdet.

III. Das Fazit

183a Sobald ihr die Arbeit am Hauptteil abgeschlossen habt, ist es Zeit, mit der Erstellung des Fazits zu beginnen. Dieses ist deswegen ein wichtiger Teil eurer Arbeit, weil es viele Personen geben wird, die eure Arbeit nicht in Gänze lesen werden, sondern sich nur für eure Forschungsfragen und eure Ergebnisse interessieren und daher nur Einleitung und Fazit lesen werden. Es ist daher – aber auch insgesamt für die Kohärenz – eurer Arbeit wichtig, dass sich Einleitung und Fazit spiegelbildlich gegenüberstehen. Alle Forschungsfragen, die ihr in eurer Einleitung skizziert habt, solltet ihr in eurer Arbeit beantwortet haben und im Fazit zusammenfassen. Daher ist es auch wichtig, dass ihr in der Endphase der Fertigstellung eurer Arbeit auch eure Einleitung noch einmal kritisch überarbeitet und anpasst.

Hilfreich kann es für die Erstellung des Fazits sein, eure bereits erstellten Zwischenfazits zu nutzen (Rn. 108a). Im Fazit geht es nicht darum, neue Inhalte über die bereits in eurer Arbeit bestehenden hinaus zu schaffen, sondern vielmehr diese aus eurer Arbeit sinnvoll zusammenzuführen. Lest also nochmal eure Zwischenfazits durch und überlegt euch, wie man diese sinnvoll verknüpfen kann. Letztlich solltet ihr versuchen, die Ergebnisse eurer Arbeit kurz und prägnant zusammenzufassen und bestenfalls so präsentieren, dass auch eine Person, die nicht eure komplette Arbeit gelesen hat, eure Konklusionen versteht. Ihr könnt zudem am Ende eures Fazits die wesentlichen Ergebnisse nochmals in „Bullet-Points" zusammenfassen, damit auf den ersten Blick klar wird, worin eure Forschungsleistung besteht.

Jan: *Am Ende meines Fazits stehen neun Thesen, die gewissermaßen die Essenz meiner Erkenntnisse bilden. Für mich war es sehr hilfreich diese zu verfassen, weil ich mir hierdurch sehr gut selbst meine Ergebnisse noch einmal vergegenwärtigen konnte. Diese neun Thesen bildeten zudem letztlich die Diskussionsgrundlage bei meiner Disputation.*

Daria: *Mein „Fazit" ist wie auch meine „Einleitung" unkonventionell und heißt, der theatralen Form folgend, „Nachspruch". In diesem*

Sinne ist es aber spiegeldbildlich zu meinem „Vorspruch" und schließt damit die Arbeit als in sich geschlossenes Werk ab.

An dieser Stelle möchten wir noch kurz auf das Thema Querver- **183b** weise eingehen, weil dieses im Fazit besonders wichtig wird. Neben der Zitation von Quellen werdet ihr in eurer Arbeit auch immer wieder auf bereits Gesagtes oder gegebenenfalls auch auf noch kommendes verweisen. In eurem Fazit spielt dies natürlich eine besonders große Rolle, weil der Großteil eurer Fußnoten im Zweifel aus Verweisen auf bereits geschriebenes bestehen wird. Wir würden euch dabei dringend empfehlen, hierbei die Querverweisfunktion von Word bzw. des von euch genutzten Schreibprogrammes zu verwenden. Hierdurch könnt ihr die Textteile, auf die ihr verweisen wollt, derart mit dem Verweis verknüpfen, dass sich die Verweise bei einer etwaigen Änderung der Seitenzahlen automatisch anpassen.

IV. Die Formalia

1. Fußnoten

Steht eure Arbeit inhaltlich, so gilt es, die Fußnoten zu überarbeiten. **184** Die Erfahrung zeigt, dass sich, selbst wenn ihr Citavi oder andere Zitierprogramme nutzt, einige Fehler einschleichen können. Wenn ihr jedoch ein Zitierprogramm nutzt, habt ihr nun einen eklatanten Vorteil. Mittels einer Anpassung des Zitierstils könnt ihr die Fußnoten insgesamt überarbeiten, ohne jede einzelne Fußnote korrigieren zu müssen. Eure Arbeit beläuft sich also im Wesentlichen darauf zu schauen, ob die von euch zitierten Werke richtig in die Datenbank eingepflegt wurden und ob euer Zitierstil noch anpassungsbedürftig ist. So kann es beispielsweise notwendig werden, Determinanten dafür festzulegen, wann statt einer Vollzitation eine Kurzzitation genügt und wann ein „ebenda" („ebd."). Hinweisen möchten wir allerdings darauf, dass „ebd."-Fußnoten, ggf. in Kombination mit einer konkreten Fußnote als Referenz, gefährlich sein können, wenn sich Fußnoten verschieben. Ferner können in Online-Datenbanken (wie z.B. beck-online) nur Vollzitate automatisch verlinkt werden, so dass ein „ebd."-Zitat schlicht nicht verlinkt wird. Solltet ihr die spätere Aufnahme eurer Dissertation in eine Online-Datenbank erwägen, sollten Fußnoten daher bevorzugt als Vollzitat eingefügt werden.

Wichtig ist auch noch folgender Hinweis: Gerade weil mittels Zitationsprogrammen Zitationen in Fußnoten automatisch erstellt werden, könnt ihr sie nicht einfach einzeln bearbeiten. Solltet ihr dies tun, wird eure Änderung beim nächsten Öffnen der Datei vom Zitationsprogramm überschrieben. Wollt ihr eure Fußnoten also einzeln manuell bearbeiten, müsst ihr sie in normalen Text umwandeln.[76]

185 Habt ihr kein Zitierprogramm genutzt, erwartet euch ein größerer Arbeitsaufwand. Solltet ihr dies noch nicht bereits getan haben, überlegt euch genau, wie ihr welches Werk zitieren wollt bzw. was die Vorgaben eurer Universität bzw. eurer Betreuungsperson sind. Schreibt euch dann einmal genau auf, wie ihr Monographien, Sammelwerke, Urteile, Aufsätze etc. zitiert und zwar für den Fall der erstmaligen und nochmaligen Zitation sowie für den Fall, dass ihr das Werk schon in der direkt vorangegangenen Fußnote zitiert habt. Dann geht ihr nach diesem Schema eure Fußnoten durch und passt sie entsprechend an.

2. Literaturverzeichnis

186 Bezüglich des Literaturverzeichnisses gilt grob gesagt dasselbe wie bezüglich der Fußnoten (s. Rn. 185). Die Nutzer:innen von Zitierprogrammen sind hier wieder im Vorteil, weil Programme wie Citavi automatisch ein Literaturverzeichnis erstellen. Wenn ihr kein Zitationsprogramm nutzt, müsst ihr das Literaturverzeichnis manuell pflegen. Hierbei ist unbedingt darauf zu achten, dass jedes Werk, das ihr in der Dissertation zitiert, sich auch in eurem Literaturverzeichnis wiederfindet.

3. Rechtschreibung und Grammatik

187 Vor der Abgabe steht auch eine Überprüfung von Rechtschreibung und Grammatik an. Einige Promovierende holen sich hierbei Hilfe externer Lektor:innen oder spannen Familie und Freunde für ein Korrekturlesen ein. Es ist auch möglich, einzelne Kapitel verschiedenen Personen zum Korrekturlesen zu geben. Egal, wofür ihr euch entscheidet: Dieser Schritt ist zwar nervig, aber unbedingt erforderlich! Denn durch die Verlage erfolgt in den meisten Fällen kein Lektorat mehr,[77] das heißt ihr tragt allein die Verantwortung für eine ordentliche Rechtschreibung und Grammatik.

[76] Dies geht bei Citavi mit der Tastenkombination Strg+Umschalt+F9. Aber Achtung! Dies kann nach Schließen des Dokuments nicht wieder rückgängig gemacht werden, also vorher unbedingt die Originalversion abspeichern.

[77] An diesem Punkt können in der Verlagskommunikation leicht Missverständnisse entstehen. Bspw. kann im Verlagsvertrag von einem „Lektorat" die Rede sein, aber gemeint ist eigentlich nur das Layout und der Satz des Textes. Falls ihr hier unsicher seid, fragt besser noch einmal beim Verlag nach. Denn wir haben leider einige Fälle erlebt, in denen es hier unschöne Überraschungen gab.

Jan: *Den größten Fehler meiner Arbeit an der Dissertation habe ich in der Endphase begangen, weil ich es mit der Kontrolle der Rechtschreibung und Grammatik nicht so genau genommen habe. Zu der Zeit war ich schon im Referendariat und wollte die Arbeit nur möglichst schnell vom Tisch haben. Die Folge waren zwei Rezensionen, in denen die Rechtschreibung und Zeichensetzung die Hauptkritikpunkte waren.*

B. Die Abgabe

Die Abgabe eurer Dissertation ist ein erhebender Moment nach langer harter Arbeit. Allerdings gibt es in den seltensten Fällen „die" Abgabe. Es ist nicht wie bei einer Hausarbeit, die ihr an einem gewissen Stichtag einreichen müsst, für die ihr dann irgendwann später eine Note bekommt, die dann in euren Studienleistungen erscheint, und fertig. Vielmehr zieht sich der Abgabeprozess einer Promotion viel länger. Einerseits wird eure Betreuungsperson häufig schon vorab Teile zu lesen bekommen haben (s. Rn. 177). Dies sind dann jeweils „kleine" Abgaben. Nach dem ersten Einreichen der Dissertation bei eurer Betreuungsperson („große Abgabe") erwarten euch in den meisten Fällen zudem noch mehrere Korrekturschleifen vor der Veröffentlichung. Wir werden uns im nachfolgenden Teil zunächst mit der Abgabe der Dissertation bei der Betreuungsinstitution auseinandersetzen und in einem späteren Kapitel (Rn. 216 ff.) auf die Einreichung beim Verlag eingehen. **188**

I. Die Vorabgabe

Zunächst gibt es die sogenannte „Vorabgabe". Dies ist die informelle Abgabe der Dissertation an eure Betreuungsperson vor dem offiziellen Einreichen der Dissertation bei der Fakultät eurer Betreuungsinstitution. Die Vorabgabe findet in einer Grauzone statt und es wird daher häufig nicht öffentlich darüber gesprochen. Sinn der Vorabgabe ist es, dass die Person, die euch betreut, vermeiden will, dass ihr eine grob fehlerhafte oder unvollständige Arbeit, mit der ihr unter Umständen durchfallen würdet, in einem offiziellen universitären Verfahren einreicht. Denn wenn ihr einmal „offiziell" eingereicht habt, geht eure Dissertation dort in die Akten ein und kann nicht mehr ohne Weiteres geändert werden. Also bietet euch eure Betreuungsperson vorab an, eine Korrektur vorzunehmen, um ggf. nachsteuern zu können. Dies hat für euch den Vorteil, dass ihr auf Fehler oder Fehlendes hingewiesen werdet und vor der offiziellen Abgabe die Möglichkeit erhaltet, eure **189**

Note durch Implementation von Änderungswünschen zu verbessern. Die Vorabgabe ist jedoch keine offizielle Verfahrensweise und in den Promotionsordnungen der Fakultäten nicht zu finden. Es ist also nichts, was ihr einfordern könnt.[78] Vielmehr seid ihr diesbezüglich darauf angewiesen, ob eure Betreuungsperson euch dies ermöglicht oder nicht. Sollte eine Vorabgabe für euch möglich sein, dann sprecht ab, welchen Stand die Arbeit gerade in Bezug auf die Formalien haben soll. Sind eure Fußnoten noch nicht perfekt, weil Kommentare nicht aktualisiert worden sind oder Mehrfachbelege bzw. Belege an sich fehlen, kann es unter Umständen möglich sein, die Arbeit gleichwohl unter Verweis auf den Überarbeitungsbedarf abzugeben. Dies hat den Vorteil, dass ihr, während ihr auf die Korrektur wartet, die Fußnoten aktualisieren könnt und damit keine Zeit beim Warten verliert.
Es gibt auch Betreuungspersonen, die sich während der Arbeit an der Dissertation immer wieder Teile zum Korrekturlesen geben lassen. Wenn dies mit allen Teilen geschieht, macht es eine Vorabgabe obsolet.

II. Die Endabgabe (das Einreichen der Dissertation)

190 Wie die Endabgabe euerer Dissertation konkret ausgestaltet ist, hängt von der jeweiligen Promotionsordnung eurer Institution ab. Praktisch heißt es für euch, euer Werk (mehrfach) auszudrucken, binden zu lassen und im Promotionsbüro abzugeben. Denkt bei der Formatierung daran, einen Korrekturrand zu lassen und dass die Bindung ggf. auch Platz benötigt. Häufig müsst ihr zudem auch noch die Dissertation als Datei auf einem USB-Stick abgeben, damit ein Plagiatsprogramm über euren Text laufen kann.

190a Hier sei uns noch ein kurzer Hinweis zum Thema Plagiat erlaubt: Seid beim Verfassen eures Textes vorsichtig. Kennzeichnet ausdrücklich, wenn ihr etwas wortwörtlich abgeschrieben habt. Direktzitate sind häufig sehr nützlich, um einen bestimmten Teil zu pointieren oder eine Quelle selbst sprechen zu lassen. Ein Plagiat ist es aber eben dann, wenn ihr nicht ausreichend kenntlich macht, dass ein Gedanke nicht von euch stammt. Auch wenn ihr sicher nicht vorhabt, zu plagiieren, solltet ihr auf genaues Zitieren achten. Plagiate passieren eben nicht immer vorsätzlich, sondern manchmal einfach aus Unachtsamkeit oder

---

[78] Wenn es gängige Praxis ist, dass eure Betreuungsperson Doktorand:innen die Möglichkeit zur Vorabgabe einräumt und euch diese Möglichkeit nicht einräumt, solltet ihr eure Betreuungsperson definitiv darauf ansprechen. Leider kann es passieren, dass Personen, die am selben Lehrstuhl arbeiten oder promovieren, unterschiedlich behandelt werden, s. Rn. 170 ff.

Faulheit. So werdet ihr im Rahmen eurer Arbeit so viele intelligente Texte verschiedener Autor:innen lesen, dass ihr zu einem gewissen Zeitpunkt ggf. nicht mehr auseinanderhalten könnt, was eure eigenen Gedanken sind und welche Gedanken ihr von anderen übernommen habt. Eine haargenaue Trennung ist auch meistens nicht möglich, denn eure Denkleistung besteht ja auch in der Verbindung der Gedanken anderer. Trotzdem solltet ihr am Ende euren Text noch einmal genau durchgehen und überlegen, ob nicht doch noch die ein oder andere Fußnote fehlt. Indizien für die Erforderlichkeit von Fußnoten sind insbesondere indirekte Rede oder längere Passagen ohne Fußnoten.

III. Und dann?

Die Zeit der Abgabe kann sehr anstrengend sein, weil ihr viele Fäden zusammenführen müsst und wahrscheinlich gleichzeitig einige Baustellen habt. Es ist ein wenig wie nach den Klausuren im Examen. Man arbeitet auf einen Punkt hin und wenn es dann vorbei ist, fällt man in ein Loch und weiß nicht mehr, was man jetzt mit der ganzen Zeit anfangen soll. Die Korrektur einer Doktorarbeit kann sich ziehen, und zwar lange. Selbst, wenn die Erstkorrektur schnell vonstatten geht, kann es sein, dass ihr mehrere Monate auf das Zweitvotum wartet. In der von uns durchgeführten *Umfrage* gaben *65% der befragten Promovierten* an, dass zwischen Abgabe und Disputatio/Rigorosum *mehr als sechs Monate* vergangen seien. Bei *22%* war es sogar *ein Jahr und mehr*. Ihr müsst euch darauf einstellen, dass die Korrektur eurer Dissertation länger dauert (selbst wenn in eurer Promotionsordnung etwas anderes stehen sollte). Korrekturfristen sind gerade bei Dissertationen, die einen erheblichen Korrekturaufwand erfordern, häufig weiche Fristen. **191**

Das heißt auch, dass ihr diese Zeit irgendwie überbrücken müsst. **192** Sei es dadurch, dass ihr ins Referendariat geht oder euch einen Job sucht. Ihr werdet einige Zeit bis zur mündlichen Prüfung haben, in der ihr euch nicht mit eurer Arbeit auseinandersetzen müsst. Dies kann erstmal sehr befreiend sein, denn nach einer langen Zeit der intensiven Auseinandersetzung mit einem Thema ist es schön, auch wieder Zeit für andere Dinge zu haben. Ihr solltet jedoch nicht vollständig nach dem Konzept „aus den Augen, aus dem Sinn verfahren" und versuchen, etwas im Thema drin zu bleiben. Das geht am besten, wenn ihr weiterhin für euer Thema relevante Veröffentlichungen von Urteilen, Aufsätzen und anderen Werken verfolgt. Bei der Überarbeitung für den Verlag werdet ihr im Zweifel ohnehin gezwungen sein, aktuelle Entwicklungen miteinzubeziehen. Daher kann es nicht schaden, wenn ihr alle zwei Wochen etwas Zeit investiert und euch auf dem Laufenden haltet.

192a Achtung: Auch wenn euch das wahrscheinlich klar ist, hier noch einmal der Hinweis: In dieser Zeit seid ihr nicht berechtigt, den Titel zu führen!

C. Die Gutachten und die Benotung

193 Irgendwann wird sich das Promotionsbüro mit euch in Verbindung setzen und euch mitteilen, dass die Gutachten zu eurer Dissertation eingegangen sind. Die Promotionsgutachten von Erst- und Zweitgutachter:in können sehr unterschiedlich in ihrer Ausführlichkeit sein. Zwischen einer Seite bis hin zu 40 Seiten ist vieles möglich. Am Ende der Gutachten steht eure Note (s. Rn. 196).

193a Die Gutachten enthalten zudem häufig – wenn dies nicht schon, etwa im Rahmen der „Vorabgabe", vorab intern kommuniziert worden ist – Anmerkungen zu etwaigem Überarbeitungsbedarf vor der Veröffentlichung. Ob ihr inhaltliche Anmerkungen in der Veröffentlichungsversion umsetzt, bleibt im Wesentlichen euch überlassen und hat keinen direkten Einfluss mehr auf die Benotung.[79] Es ist aber ratsam, sich die Anmerkungen zumindest sehr genau anzuschauen und zu überlegen, mit wieviel Zeitaufwand diese umsetzbar wären. Denn nach Erscheinen eurer Dissertation können andere Wissenschaftler:innen eure Dissertation rezensieren und diese damit ebenfalls – wenn auch nicht explizit mit einer Note – bewerten. Dabei müsst ihr euch vergegenwärtigen, dass die Anmerkungen eurer Gutachter:innen im Zweifel wohlwollend gemeint sind, um euch vor „fiesen" Rezensionen (die leider existieren) zu schützen und es ärgerlich wäre, wenn ein Punkt, auf den euch bereits eure Gutachter:innen hingewiesen haben, zum Aufhänger einer kritischen Rezension würde. Gleichzeitig müsst ihr natürlich nicht jede inhaltliche Anmerkung eurer Gutachter:innen annehmen. Ihr könnt euch vielmehr sicher sein, dass eure Gutachter:innen euer Thema nicht so genau kennen werden wie ihr. Ihr seid also diejenigen, die am besten entscheiden könnt, welche inhaltlichen Anmerkungen ihr für sinnvoll erachtet und welche nicht.

194 Unsere Erfahrung ist auch, dass Professor:innen in ihren Gutachten dazu neigen, selbst wenn sie die Bestnote „summa cum laude" vergeben, sich in einigen Punkten ein tieferes Einsteigen zu wünschen. Und

[79] Es kann aber sein, dass euch in der Disputatio hierzu Fragen gestellt werden. Setzt euch also in jedem Fall mit den inhaltlichen Anmerkungen auseinander!

ja, man kann natürlich immer noch tiefer einsteigen (s. Rn. 175). Diesen Wünschen müsst ihr daher nicht immer im Rahmen der Überarbeitung nachgehen, teilweise würde dies nämlich auch dazu führen, dass ihr den roten Faden eurer These verliert (s. Rn. 176 ff.). Ihr könnt sie aber jedenfalls als wertvolle Anregungen für eure zukünftige Forschung nehmen.

Daria: *Mein Zweitgutachter äußerte etwa in seinem Gutachten den Wunsch bzw. das Interesse daran, dass ich über eine rechtsphilosophische und theatrale Aufarbeitung von Leben und Werk von Paschukanis (das war das Thema meiner Dissertation) hinaus noch ein positives Klimarecht nach Paschukanis entwickeln würde. Dies zu tun hätte aber im Umfang einem neuen, zweiten Dissertationsprojekt gleichgestanden. Daher habe ich diese Anmerkung nicht mehr in meine Dissertation eingearbeitet, sie wohl aber für meine zukünftige Forschung als wertvolle Anregung im Hinterkopf behalten.*

Formale Anmerkungen wie Rechtschreibung, Grammatik oder das Fehlen von Fußnoten an gewissen Stellen solltet ihr dagegen unbedingt und ohne Wenn und Aber vollständig umsetzen – das fällt euch sonst auf die Füße! **195**

Die Benotung eurer Dissertation aus Sicht des jeweiligen Gutachters findet ihr unter der Arbeit. Der Schnitt der beiden Noten stellt jedoch noch nicht eure Endnote dar. Vielmehr besteht die Endnote zumeist aus den Noten der beiden Gutachten sowie der mündlichen Prüfung. Gleichwohl möchten wir an dieser Stelle schon kurz auf die Notenskala und das Benotungsniveau eingehen, weil die in den Gutachten vergebenen Noten die Endnote im Regelfall maßgeblich bestimmen werden. **196**

Die Notenskala unterscheidet sich je nach Promotionsordnung, sieht aber meistens in etwa so aus:

Note (Latein)	Note (Deutsch)	(ungefähr) entsprechende Schulnote
summa cum laude (scl)	mit höchstem Lob	1+
magna cum laude	mit großem Lob	1
cum laude	mit Lob	2
rite	genügend	3–4
insufficienter[80]	ungenügend	5–6

[80] Hierzu noch ein kleiner, aber ganz interessanter Fakt: Früher gab es in vielen Promotionsordnungen für ein ungenügend auch noch den lateinischen Begriff „sub omni canone“, was soviel wie „unterhalb jedes Maßstabs“ heißt. Diese Bewertung hat in einer eingedeutschten Fassung ihren Einzug in den allgemeinen Sprachgebrauch gefunden. So könnt ihr euch vielleicht auch daran

197 Die Notenskala im Rahmen von Promotionen ist also sehr unterschiedlich von der „normalen" juristischen Notenskala ausgestaltet. Der Schnitt der Promotionsnoten ist generell relativ hoch. Das Deutsche Zentrum für Hochschul- und Wirtschaftsforschung weist in einer Statistik für die Jahre 2001–2018 folgende Notenverteilung bei Promotionen aus: Endgültig nicht bestanden haben 0%.[81] Ca. 4% der Arbeiten wurden mit einem rite bedacht. 23,4% mit einem cum laude, fast 44% erhielten ein magna cum laude und fast 24% ein summa cum laude und damit die Bestnote.[82] Den Löwenanteil machen damit die beiden Bestnoten aus – die also gar nicht so selten vergeben werden, wie manch eine:r denken mag.

198 Wichtig ist für euch jedoch nicht nur die Note, sondern auch der Inhalt der Gutachten. Falls ihr eine wissenschaftliche Karriere anstreben solltet, werdet ihr bei zukünftigen Bewerbungen etwa auf Juniorprofessuren die Gutachten mit einsenden müssen. Gleiches gilt häufig bei der Bewerbung für Verlage und Druckkostenzuschüsse. Dabei – und hier sind wir bei einem delikaten Thema – kann es passieren, dass sich insbesondere Zweitgutachten wesentlich schlechter lesen als die Note, die unter ihnen steht, suggerieren würde. Dies kann bspw. passieren, wenn die Person, die das Zweitvotum verantwortet, die Arbeit nicht so gut findet, wie der:die Erstgutachter:in, diese:n aber nicht brüskieren will und die Kritik an der Arbeit daher nur im Gutachten unterbringt, nicht aber in die Benotung einfließen lässt. Solltet ihr das Gefühl haben, dass Note und Gutachteninhalt nicht übereinstimmen, solltet ihr eure Betreuungsperson ansprechen und fragen, wie ihr hierauf reagieren könnt.

D. Die mündliche Prüfung

199 Nachdem die beiden Gutachten vorliegen, werden sie zunächst üblicherweise fakultätsöffentlich ausgelegt. Nach Ablauf einer gewissen Frist, in der die anderen Fakultätsmitglieder Einsicht nehmen, steht die mündliche Prüfung an.

---

erinnern, dass Eltern oder Lehrer euer Verhalten gelegentlich „unter aller Kanone" fanden. S. hierzu: https://www.deutschlandfunkkultur.de/das-ist-unter-aller-kanone-100.html (zuletzt geprüft 28.02.2023).

[81] Dies liegt vor allen Dingen daran, dass ungeeignete Doktorarbeiten schon gar nicht zur mündlichen Prüfung zugelassen werden, sondern erst eine Überarbeitung durch die Betreuenden gefordert wird, damit die Arbeit ein Niveau erreicht, dass zum Bestehen genügt. S. hierzu auch Rn. 189.

[82] http://www.forschungsinfo.de/promotionsnoten/Promotionsnoten-detail.php?ct=det (zuletzt geprüft 28.02.2023).

Wie auch bei der mündlichen Examensprüfung ist ein Durchfallen in der mündlichen Prüfung im Regelfall nicht vorgesehen, sodass sich hier allenfalls noch die Notenstufe entscheidet. Von eurer Promotionsordnung hängt wiederum ab, ob die mündliche Prüfung in Form eines Rigorosums oder einer Disputatio durchgeführt wird. **200**

Die mündliche Prüfung ist meistens fakultätsöffentlich, sodass ihr euch auf ein kleines Publikum gefasst machen könnt. Wenn ihr das möchtet, könnt ihr auch gezielt Personen einladen. Im Umkehrschluss heißt das für euch auch, dass ihr zu mündlichen Prüfungen anderer Promovierender gehen könnt, um ein Gefühl für den Ablauf von Prüfungen an euerer Fakultät zu entwickeln. **201**

I. Die Disputatio

Die Disputatio stellt den weitaus häufigeren Fall der mündlichen Prüfung dar. Diese „Verteidigung" eurer Arbeit unterteilt sich zumeist in zwei Teile: **202**

1. Der Kurzvortrag

Den ersten Teil der Disputatio bildet der Kurzvortrag. In diesem fasst ihr die Forschungsfragen und Ergebnisse eurer Arbeit – also eure Einleitung und euer Fazit – zusammen. In der Regel dauert der Vortrag um die 20 Minuten. Ihr habt also nicht besonders viel Zeit, euer komplexes Thema, das ja immerhin gereicht hat, um ein ganzes Buch zu füllen, vorzustellen. Die Prüfungskommission besteht in der Regel aus den Professor:innen, die die Gutachten zu eurer Arbeit geschrieben haben, sowie einer zusätzlichen Person. Hier gilt es fein auszutarieren, was ihr als bekannt voraussetzt, weil zwei Personen ja eure Arbeit schon gelesen haben, und was ihr näher erklärt, damit auch die dritte Person, die euch prüft und eure Arbeit nicht gelesen hat, versteht, was ihr meint. Unseres Erachtens fahrt ihr tatsächlich sehr gut, wenn ihr euch auf die Aussagen eurer Einleitung und eures Fazits konzentriert und ggf. einen Schwerpunkt besonders heraushebt, den ihr auch detaillierter erläutert. Ihr solltet euch aber in jedem Fall vorher bei eurer Betreuungsperson erkundigen, wie die Gepflogenheiten an eurer Fakultät sind. Ihr könnt euren Vortrag im Regelfall auch illustrieren, indem ihr eine Präsentation oder ein Handout verwendet. **203**

Jan: *Ich würde euch – wenn die Disputation in Präsenz stattfindet – jedoch zu einem Handout raten. Der große Vorteil des Ganzen ist, dass ihr nicht noch mit der Bedienung der Präsentation befasst seid, son-*

dern euch voll und ganz auf euren Vortrag konzentrieren könnt. Bei einem Vortrag von ca. 20 Minuten ist auch ein Handout von einer DIN A4 Seite völlig ausreichend. Dort könnt ihr die Struktur eures Vortrags abdrucken und ggf. noch die aus eurer Sicht wichtigsten Ergebnisse eurer Arbeit.

204 Für den Kurzvortrag gilt wie bei anderen Vorträgen auch, dass ihr möglichst frei sprechen solltet und das Ganze nicht zu abgelesen wirkt. Dies gelingt vor allem dann, wenn ihr euch mit eurem Vortrag sicher fühlt. Unser Tipp hierzu ist, den Vortrag mehrfach mittels der Sprachmemofunktion eures Handys oder eines anderen Aufnahmegerätes einzusprechen. Ihr könnt so checken, dass ihr die zeitlichen Vorgaben einhaltet (eine Seite Text entspricht ca. drei Minuten Vortrag). Zudem könnt ihr euch dann euren Vortrag immer wieder anhören, ihn verinnerlichen und rhetorisch perfektionieren. Nachdem ihr den Vortrag so „getestet" habt, insbesondere auf das Einhalten der zeitlichen Vorgaben hin, solltet ihr den Vortrag einige Male vor Dritten üben. Wenn ihr das Gefühl habt, dass der Vortrag im Schlaf sitzt und ihr ihn auch schon ein paar mal Freund:innen oder der Familie vorgetragen habt, habt ihr genug Sicherheit während der eigentlichen Disputatio. Ihr müsst vor der Disputatio aber keine Angst haben: Ihr habt euch über einen sehr langen Zeitraum mit dem Thema intensiv beschäftigt, sodass ihr im Zweifel sogar aus dem Stegreif eure Kernthesen zusammenfassen könntet. Das Problem ist eher, die Zeitvorgabe vor Begeisterung nicht zu überschreiten.

2. Die Fragerunde

205 An den Kurzvortrag schließt sich regelmäßig die Fragerunde an. In welcher Intensität und Breite diese durchgeführt wird, hängt letztlich von der Kommission ab. Alles zwischen einer kurzen Frage pro Person bis hin zu einem vertieften Fachgespräch ist möglich. Hier solltet ihr euch informieren, was bei den Professor:innen eurer Kommission üblich ist. Eure Betreuungsperson kennt ihr ggf. sogar schon gut, gerade wenn ihr an ihrem Lehrstuhl gearbeitet habt. Eine explizite Vorbereitung auf die Fragerunde ist schwierig. Allerdings würden wir euch empfehlen, eure Dissertation und vor allen Dingen eure Einleitung und euer Fazit sowie ggf. in den Gutachten kritisierte Punkte noch einmal genau anzuschauen. Vielleicht könnt ihr in der Disputatio auf die Kritikpunkte eingehen und so zeigen, dass ihr euch – selbst wenn ihr die Kritikpunkte nicht einarbeiten wollt (s. Rn. 194) – damit auseinandergesetzt habt. Gleichzeitig solltet ihr zumindest kurz abscannen, ob es auf dem von euch bearbeiteten Gebiet in der Zwischenzeit irgendwelche Neuerungen gegeben hat, die ihr im thematischen Zusammenhang mit eurer Dissertation bringen könntet.

II. Das Rigorosum

Das Rigorosum ist etwas anders ausgestaltet als die häufiger anzutreffende Disputatio. Von seiner grundsätzlichen Idee her – aber nicht zwingend von seiner Ausgestaltung – erinnert das Rigorosum eher an die mündliche Prüfung im Schwerpunktbereich. Es soll nicht nur über den Inhalt der Dissertation gesprochen werden, sondern breitgefächert euer rechtswissenschaftliches Wissen abgeprüft werden. Theoretisch kann es also sein, dass ihr eine Dissertation über den Rücktritt vom Versuch im Strafrecht geschrieben habt und ihr dann über den Kodifikationsstreit zwischen *Thibaut* und *Savigny* einen Kurzvortrag halten sollt. Wie gesagt: theoretisch. Wie breit das Spektrum an Themen für euren Vortrag ist, hängt erst einmal von eurer Prüfungsordnung ab. Entscheidend dürfte dabei aber wiederum die Kommission an sich sein. Wir können euch nur empfehlen euch daher gut über die Zusammensetzung eurer Kommission und etwaige Prüfungsvorlieben zu informieren. **206**

Auch wenn das Rigorosum sich vielleicht wegen der theoretischen Stofffülle hart anhören mag, ist es meist eine sehr handzahme Veranstaltung. Sollte ihr dennoch einen großen Druck verspüren, nutzt die Chance und schaut euch ein paar mündliche Prüfungen an, damit ihr die Abläufe an eurer Fakultät kennenlernt

III. PartyParty

Glückwunsch! Ihr habt es geschafft. Fast. Eine Dissertation ist ein langer Weg und ihr werdet häufig das Gefühl haben, dass er nie endet. Selbst im Nachgang zur eigentlichen Arbeit gibt es noch viel zu tun (hierzu sogleich: Rn. 209 ff.). Daher solltet ihr euch nach der mündlichen Prüfung selbst den Raum geben, innezuhalten und darauf zurückzuschauen, was ihr geleistet habt und: feiern! **207**

Was ihr allerdings noch nicht machen dürft, ist euren Doktortitel zu verwenden. Dies geht erst, wenn ihr eine so genannte Titelführungsbefugnis bzw. vorläufige Titelführungsbefugnis habt (Rn. 210). **208**

Kapitel 4. Die Veröffentlichung

Quellen: *Academics:* Die Doktorarbeit publizieren: Vorgehensweise, Möglichkeiten und Kosten, https://www.academics.de/ratgeber/dissertation-veroeffentlichen#subnav_doktorarbeit_publizieren_im_selbstverlag_copy-druck.

Die Veröffentlichung der eigenen Arbeit ist noch einmal ein eigener 209 Arbeitsschritt und etwas ganz Besonderes, denn ihr werdet in die Lage versetzt, mitentscheiden zu können, in welcher Form euer Werk konkrete Gestalt annehmen soll. Sei es Publikationsformat (Open Access oder als Buch), Verlag, Reihe oder Design. Allerdings solltet ihr verkennen, dass die Veröffentlichung der Arbeit auch einen nicht zu unterschätzenden Arbeitsaufwand mit sich bringen kann. Manche Reihen[83] fordern teils erhebliche inhaltliche Umarbeitungen an der eigenen Arbeit. Hinzu kommen die formalen Überarbeitungen, denn auch wer in einem renommierten Fachverlag veröffentlicht, wird um ein eigenes Lektorat nicht herumkommen. Im Folgenden wollen wir euch die einzelnen Schritte bis zur fertigen Publikation näherbringen. Allein an der Vielzahl der Schritte werdet ihr sehen, dass es einiges zu bedenken gilt.

A. Die vorläufige Titelführungsbefugnis

Wie im vorigen Kapitel bereits angedeutet, bedeutet das Ablegen 210 aller Prüfungsleistungen noch nicht, dass ihr den Titel[84] offiziell führen dürft. Universitäten verleihen die Titelführungsbefugnis nämlich normalerweise erst, wenn ihr die Pflichtexemplare, die der Universität an eurem Werk zustehen, abgeliefert habt. Allerdings könnt ihr häufig schon vorher eine Titelführungsbefugnis beantragen. Dies geht im Normalfall dann, wenn ihr einen Publikationsvertrag unterschrieben habt. Die Universitäten können in diesem Fall davon ausgehen, dass sie die Pflichtexemplare zeitnah erhalten werden und geben euch daher das Recht, den Titel vorläufig zu führen.

---

[83] Rn. 217 ff.

[84] Achtung: Der Dr. ist genau genommen kein Titel, sondern ein sog. akademischer Grad. Es geht daher eigentlich um das Führen eines akademischen Grades. Allerdings hat sich der Begriff „Titelführungsbefugnis" eingebürgert.

B. Die Art der Publikation

211 Heutzutage habt ihr häufig die Möglichkeit zu entscheiden, ob eure Dissertation tatsächlich in gedruckter Form erscheinen soll oder nur online (im Regelfall über die Universitätsbibliothek). Welche Gründe sprechen für und gegen die beiden Möglichkeiten?[85]

212 Wählt ihr den zweiten Weg, die Online-Publikation, so spart ihr euch einiges an Kosten und Arbeit. Im Prinzip müsst ihr nur eine fertig formatierte Version eurer Arbeit als PDF einreichen, die Pflichtexemplare ausdrucken und binden lassen und beim Prüfungsamt abgeben. Eine Online-Publikation geht also recht schnell.

Diese Art der Publikationsform hat noch einen weiteren, entscheidenden Vorteil: die Zugänglichkeit. Ihr habt ein Buch geschrieben und das soll im besten Fall auch gelesen werden. Dies ist bei Onlineveröffentlichungen viel leichter, da sie regelmäßig als „Open Source“ veröffentlicht werden und jede:r damit freien Zugang hat. Die Chance, dass eure Arbeit tatsächlich gelesen wird, gerade auch von Studierenden, steigt dadurch. Wahrscheinlich wird eure Dissertation auch recht weit oben bei Google erscheinen, wenn man die zu eurer Dissertation passenden Schlagwörter eingibt.

Allerdings, und das ist der große Nachteil an einer reinen Online-Publikation, wird eure Arbeit dann eben nicht „als Buch“ erscheinen. Ihr werdet keine gedruckten Versionen erhalten, die ihr euch ins Regal stellen und Familie und Freund:innen schenken könnt.[86] Zudem müsst ihr die Pflichtexemplare für eure Fakultät selbst binden lassen – was allerdings nur vergleichsweise geringe Kosten im Vergleich zu einer Buchpublikation verursacht.

213 Hiermit haben wir auch gleich einen zentralen Nachteil der Buchpublikation angesprochen, die bis heute die „klassische“ Variante der Publikation darstellt: die Kosten. Zudem ist der Publikationsprozess in einem Verlag zeitaufwendig. Bis zum Erscheinen eures Buches kann es mehrere Monate bis zu einem Jahr dauern.

Es stellt sich also die Frage, wieso ihr überhaupt in Erwägung ziehen solltet, in einem Verlag zu veröffentlichen. Hierfür spricht, neben der aus unserer Sicht nicht unerheblichen romantischen Vorstellung, ein eigenes Buch in den Händen zu halten, vor allem eins: das Renommee. Die Note einer Dissertation ist nach außen nur schwer erkennbar. Im Normalfall weiß man auf den ersten Blick, wenn man eine

---

[85] S. hierzu auch https://www.academics.de/ratgeber/dissertation-veroeffentlichen#subnav_doktorarbeit_publizieren_im_selbstverlag_copy-druck.

[86] Und glaubt uns, es macht große Freude, seine eigene Dissertation verschenken zu können.

Dissertation in der Hand hält (oder Online erspäht), nicht direkt, ob die Arbeit es gerade so über die Grenze des Ausreichenden geschafft hat oder vielleicht doch ein Opus Magnum ist. Mit anderen Worten: Man weiß nicht, ob sich das Lesen lohnt.[87] Wenn eine Arbeit jedoch in einem renommierten Fachverlag erschienen ist, dann kann man sich fast sicher sein, dass es sich bei der Arbeit um eine mit *summa cum laude* oder *magna cum laude* bewertete Dissertation handelt. Bei einzelnen Reihen oder Verlagen ist auch bekannt, dass diese nur Dissertationen mit dem Prädikat *summa cum laude* annehmen, und auch dies erst nach einem Review-Verfahren durch die Herausgebenden. Die eigene Arbeit in einer solchen Reihe zu veröffentlichen bedeutet damit, auch nach außen hin zu zeigen, dass es sich um eine gelungene Leistung handelt.

Daneben ist die Chance, dass die eigene Arbeit in der Fachcommunity wahrgenommen und rezensiert wird, wesentlich höher, wenn sie in einem bekannten Verlag erschienen ist. Die meisten Verlage versenden einmal im Quartal eine Information mit allen relevanten Neuerscheinungen an alle ihre Autor:innen. Eine Publikation in einem Verlag ermöglicht euch so auch ein langfristiges Netzwerk.

In der Wissenschaftswelt ist es zudem eine Art ungeschriebenes Gesetz, dass für eine wissenschaftliche Karriere auch die Veröffentlichung in einem renommierten Verlag erfolgen muss. Davon mag es zwar mittlerweile einige Ausnahmen geben, aber wenn ihr euch einmal anschaut, in welchen Verlagen (Junior-)Professor:innen an euren Fakultäten ihre Dissertationen veröffentlicht haben, würde es uns wundern, wenn nicht der Großteil der Arbeiten bei Beck, Nomos, Duncker & Humblot oder Mohr Siebeck veröffentlicht worden wären.

214 Die Art der Publikation ist also auch vor dem Hintergrund eurer späteren Berufswahl wichtig. Wollt ihr in der Wissenschaft bleiben, kommt ihr nur schwer an einem renommierten Fachverlag vorbei. Wollt ihr hingegen in die freie Wirtschaft oder die Justiz, so ist die Wahl des Verlages bzw. der Publikationsform im Zweifel herzlich egal. Natürlich kann es unter „Wissenden" einen gewissen Eindruck machen, dass eure auf der Kanzleihomepage aufgeführte Dissertation

[87] Wobei Benotungen und Aufnahme in Verlage/Reihen natürlich auch subjektiv sind, und auch in einer schlecht bewerteten Dissertation interessante Dinge stehen können. Aber angesichts der überwältigenden Masse an veröffentlichten Dissertationen und anderen Fachbüchern muss man sich ja irgendwie entscheiden, welche Bücher man liest und welche nicht. Dabei steigt die Wahrscheinlichkeit, dass eine Dissertation etwas Neues oder Relevantes beizutragen hat und daher lesenswert ist, wenn mehrere renommierte Wissenschaftler:innen das Buch durch Vergeben einer guten Note oder Aufnahme in ihre Reihe für lesenswert empfunden haben.

in einem renommierten Verlag erschienen ist. Davon ausgehen, dass eure Mandant:innen den Unterschied zwischen den verschiedenen juristischen Fachverlagen kennen, solltet ihr aber nicht.

215 Wie ihr seht, ist die Entscheidung für die Publikationsform keine ganz einfache und ihr solltet euch darüber zumindest kurz Gedanken machen. An vielen Lehrstühlen gibt es oft einen Verlag oder eine Reihe, in der die meisten Doktorand:innen ihre Dissertation publizieren. Auch wenn es verlockend sein kann, einfach auch zu diesem Verlag/dieser Reihe zu gehen, solltet ihr euch einen kurzen Moment der eigenen Recherche nehmen. Denn die Tatsache, dass eure Lehrstuhl-Kolleg:innen hier publiziert haben, kann auch einfach daran liegen, dass eure Betreuungsperson sehr gute Beziehungen zu diesem Verlag/dieser Reihe hat und vielleicht sogar selbst Herausgeber:in der Reihe, ist. Dies spricht selbstverständlich nicht gegen eine Publikation in diesem Verlag/dieser Reihe, aber ihr solltet euch daran erinnern, dass am Ende die Entscheidung, wo und wie ihr eure Dissertation veröffentlichen wollt, ganz bei euch liegt. Wenn ihr in einer spezifischen Reihe veröffentlichen wollt, solltet ihr unbedingt vorher schauen, welche Bücher in derselben Reihe bereits erschienen sind. Denn diese Bücher werden eurer Dissertation auf ewig Gesellschaft leisten. Hier kann es zu ungewollten Überraschungen kommen.

Daria: *Ich habe meine Dissertation in der Reihe „Recht und Philosophie" beim Verlag Duncker & Humblot verlegt. Die Reihe habe ich deshalb ausgewählt, weil mein Buch thematisch sehr gut zu den anderen Büchern passt. Zudem hat mir das Design der Reihe ästhetisch sehr zugesagt (weiß und gebunden, mit blauer Schrift). Duncker & Humblot gilt als ein renommierter Wissenschaftsverlag, in der Reihe fühle ich mich sehr gut aufgehoben und der Verlag hat mich auch bei der Vermarktung des Buchs zuvorkommend unterstützt. Allerdings hat der Verleger in letzter Zeit einige Aussagen getroffen, die ich (und viele andere) problematisch finden. Teilweise wurde ich darauf angesprochen mit „Das ist doch dein Verlag". Das heißt nicht, dass ihr zu diesem Verlag nicht mehr gehen solltet – ich bin nach wie vor zufrieden mit meiner Wahl. Aber es hat mir gezeigt, dass die Dissertation sowohl mit dem Verlag als auch der Reihe, in der sie erscheint, unweigerlich in Verbindung gebracht wird und deshalb vor der Veröffentlichung ein kurzer Faktencheck sinnvoll sein kann.*

C. Der Verlag

Habt ihr euch einmal entschieden, dass ihr in einem Verlag und nicht ausschließlich online über eure Universitätsbibliothek publizieren wollt, steht im nächsten Schritt die Entscheidung an, welcher Verlag es denn sein soll. Wir wollen und können uns hier nicht anmaßen, Verlage nach gut oder schlecht zu bewerten. Eine solche Bewertung macht auch keinen Sinn, denn die Verlagswahl hängt von vielen individuellen Faktoren ab: **216**

Wollt ihr euer Buch einfach schnell und kostengünstig publizieren, gibt es weniger bekannte Verlage, die sich hierauf spezialisiert haben. Googelt bei Interesse einfach einmal „Dissertation günstig publizieren“. Auf den Webseiten solcher Verlage findet ihr direkt Angaben zur Dauer und Kosten des Publikationsprozesses.[88] **216a**

Strebt ihr dagegen eine wissenschaftliche Karriere an, ist das Renommee des Verlages für euch von Relevanz. Grundsätzlich gilt das bei Rn. 213 Gesagte: *C.H.BECK, Nomos, Mohr Siebeck* und *Duncker & Humblot* gelten unseres Erachtens in der Rechtswissenschaft als die renommiertesten Verlage. Allerdings haben auch andere Verlage wie etwa *Springer, Peter Lang* oder *DeGruyter* renommierte Reihen. Der Verlag *Velbrück* ist als Suhrkamp-Spinnoff in der Rechtsphilosophie eine gute Option. Hier kommt auch der Verlag *Vittorio Klostermann* in Betracht. Und auch bei *Transcript* finden sich teilweise sehr lesenswerte Dissertationen. **216b**

Einer der renommierten Verlage kommt für euch regelmäßig nur in Betracht, wenn eure Arbeit mit dem Prädikat „magna cum laude“ oder „summa cum laude“ versehen wurde.

Nicht zu unterschätzen sind jedoch die euch erwartenden Kosten. Diese liegen in der Regel zwischen 3.000–7.000 EUR je nach Verlag und Länge eurer Dissertation. Viele Verlage bieten auch einen „Grundpreis“ an, zu dem dann noch zusätzliche Dienstleistungen dazugebucht werden können: Wollt ihr, dass der Verlag eure Arbeit setzt, kostet das extra. Soll eure Arbeit als Hardcover erscheinen, kostet das extra. Ihr wollt sie in Leinen gebunden? Naja, ihr wisst schon. Ihr solltet euch also vorher schon Gedanken über euer Budget machen und den Verlagsvertrag aufmerksam durchlesen.

Dort werdet ihr auch einen Passus finden, inwiefern ihr an den Einnahmen, die der Verlag durch den Verkauf eurer Dissertation erzielt, beteiligt wird. Grundsätzlich werdet ihr an den Einnahmen der ersten

---

[88] Teilweise ist hier aber Vorsicht geboten, s. https://www.academics.de/ratgeber/dissertation-veroeffentlichen#subnav_doktorarbeit_publizieren_im_selbstverlag_copy-druck.

Auflage nicht beteiligt werden. Bei einer hypothetischen 2. Auflage – die bei Dissertationen aber selten ist – kommt eine geringe Beteiligung in Betracht, die aber keinesfalls eure Druckkosten aufwiegen wird.

Allerdings gibt es verschiedene andere Möglichkeiten, die Druckkosten zu finanzieren, hierzu Rn. 218 ff.

Außerdem wollen wir euch darauf hinweisen – da dies ein unter Doktorand:innen verbreiteter Irrglaube ist, dem auch wir selbst vor der Veröffentlichung unserer Dissertation erlegen sind –, dass selbst renommierte Verlage oft kein inhaltliches Lektorat vornehmen: Für Rechtschreibung und Grammatik bleibt ihr also – trotz der hohen Kosten – selbst verantwortlich.

D. Die Reihe

217 Wenn ihr euch für einen Verlag entschieden habt, könnt ihr euch auch darüber Gedanken machen, ob euer Werk in einer bestimmten „Reihe"[89] erscheinen soll. Ggf. bedingt der Wunsch, in einer gewissen Reihe zu publizieren, auch eure Verlagswahl. Vielleicht ist eure Betreuungsperson auch Mitherausgeber:in einer Reihe oder empfiehlt euch (an) eine bestimmte Reihe. Teilweise schlagen euch die Verlage auch nach Einsendung eures Manuskripts die Veröffentlichung in einer spezifischen Reihe vor. Aber wieso solltet ihr überhaupt in einer Reihe veröffentlichen?

217a Einerseits dient die Reihe einer thematischen Einordnung eurer Dissertation. Wenn ihr in der Reihe „Strafrechtliche Abhandlungen" publiziert, dann wird eure Arbeit eine strafrechtliche Arbeit sein. Manche Institutionen und Fachbibliotheken haben gewisse Reihen abonniert, manche Fachzeitschriften rezensieren bevorzugt Bücher, die in gewissen Reihen erscheinen.

217b Darüber hinaus gibt es bestimmte Reihen, die in ihren spezifischen Bereichen bzw. in der Fachcommunity einen besonderen Ruf genießen. Bücher, die in diesen Reihen erscheinen, werden (als besonders gut) wahrgenommen. Dies liegt vor allen Dingen daran, dass für die Aufnahme in eine renommierte Reihe zum Teil erheblich mehr Aufwand betrieben werden muss als für die Veröffentlichung in einem Verlag. Bei einem Verlag reicht es im Zweifel aus, dass man die formalen Notenanforderungen erfüllt. In einer Reihe hingegen durchläuft die eigene Arbeit oftmals noch einen Peer-Review-Prozess durch die Herausgebenden. Wenn ihr also in einer Reihe veröffentlich, die von den renommiertesten Professor:innen eures Forschungsbereichs her-

[89] Zum Begriff Rn. 21, Fn. 10.

ausgegeben wird, dann legitimiert dies eure Arbeit über die Gutachten und die Note hinaus zusätzlich.

Je nach Reihe kann es dabei zu nicht unerheblichen Änderungswünschen kommen, die vor einer Aufnahme einzuarbeiten sind.[90] Die Aufnahme in eine bestimmte Reihe ist also ein weiteres ungeschriebenes Qualitätsmerkmal für eure Dissertation. Die Aufnahme in eine Reihe garantiert zudem häufig die weitläufige Verfügbarkeit eurer Arbeit, denn viele Universitätsbibliotheken haben einzelne Reihen abonniert, sodass euer Werk, sollte es in einer dieser Reihen erscheinen, automatisch bestellt wird. **217c**

Darüber welche Reihe für euch in Frage kommen könnte, können wir aufgrund der großen Bandbreite von kleinen und großen Reihen zu Grundsatz- und Spezialthemen nur schwerlich Ratschläge geben. Am besten ihr fragt eure Betreuungsperson, befreundete Doktorand:innen oder andere Vertrauenspersonen. **217d**

E. Druckkostenzuschuss

I. Allgemeines

Wie bereits angesprochen, kann die Veröffentlichung eurer Arbeit einiges an Geld Kosten. Ihr solltet daher in Erwägung ziehen, euch um einen Druckkostenzuschuss zu bemühen. **218**

Nachfolgend führen wir einige Institutionen auf, die Druckkostenzuschüsse gewähren. Allerdings gibt es ein schier unüberschaubares Feld von kleinen und großen Fördergeldgeber:innen, sodass diese Liste keinen Anspruch auf Vollständigkeit erhebt. Viele Druckkostenzuschüsse sind an ein spezifisches Themenfeld geknüpft, sodass sie nur selten für juristische Doktorarbeiten in Betracht kommen werden. Diese Druckkostenzuschüsse haben wir zwecks Übersichtlichkeit daher aus der Liste ausgeklammert. Für euch heißt das jedoch, dass ihr diese Liste eben nur als Anregung zur weiteren Recherche betrachten solltet. **218a**

Institution	**Förderbedingungen**
Deutsche Forschungsgemeinschaft (DFG)	- Grundlagenforschung - Besondere wissenschaftliche Bedeutung

[90] Die ihr euch gründlich anschauen solltet, jedoch, ähnlich wie die Anmerkungen aus euren Gutachten, nicht unbedingt alle umsetzen müsst, s. hierzu Rn. 194.

	- Dissertationen nur mit „summa cum laude“
Geschwister Boehringer Ingelheim Stiftung für Geisteswissenschaften	- Rechtswissenschaftliche Dissertationen nur, wenn sie einen Grundlagenbereich betreffen - Mindestens „magna cum laude“
Ludwig-Sievers-Stiftung	- Forschung über Wesen und Bedeutung der freien Berufe
Förderungs- und Beihilfefonds Wissenschaft der VG WORT	- „summa cum laude“
Dt. Akademikerinnenbund	- Nur weibliche Promovierende
Studienstiftung ius vivum	- Nur Arbeiten aus dem Bereich des bürgerlichen Rechts im weitesten Sinne

218b Neben diesen Druckkostenzuschüssen der genannten Institutionen solltet ihr euch auch an eurer jeweiligen Universität umschauen. Oft gibt es für Promovierende von den Universitäten eingerichtete Förderungsfonds.

218c Solltet ihr bereits ein Promotionsstipendium erhalten, so kann es sehr gut sein, dass ihr bei der stipendiengebenden Institution auch einen Druckkostenzuschuss beantragen könnt.

II. Exkurs: Dissertationspreise

219 An dieser Stelle wollen wir noch kurz etwas zu Dissertationspreisen sagen. Diese haben zwar an sich nichts mit Druckkostenzuschüssen zu tun, allerdings ist es keine Seltenheit, dass zu dem Dissertationspreis eine Geldsumme „für die Druckkosten“ gezahlt wird.

219a Dissertationspreise werden zumeist von den Fakultäten bzw. Universitäten vergeben, an denen ihr eure Arbeit geschrieben habt. Meist kommen dafür nur Dissertationen in Frage, die mit „summa cum laude“ bewertet wurden. Eine Nominierung findet dabei zumeist durch die betreuenden Professor:innen oder das Dekanat statt, sodass ihr darauf keinen direkten Einfluss habt.

Daneben gibt es auch einige externe Promotionspreise, wie etwa den deutschen Studienpreis der Körberstiftung.[91] Informiert euch auch hier am besten selbst über für euch ggf. in Betracht kommende, fachbereichsspezifische Promotionspreise (im Zweifel einfach googlen).

Allerdings ist der Erhalt eines Preises etwas, das man nicht planen **219b**
kann: Es hängt von eurem Thema ab, der Jury und auch vom Timing. Ihr könnt also leider keinesfalls damit rechnen, einen Preis zu erhalten, auch wenn eure Arbeit exzellent ist. Seid euch auch bewusst darüber, dass Preise oft erst einige Zeit nach Erscheinen der Dissertation vergeben werden. Gerade während der Corona-Pandemie haben einige Fakultäten bzw. Institutionen (vorübergehend) aufgehört, Preise zu vergeben. Da Preise eine „cherry on top" sind, könnt ihr euch auch nicht darauf verlassen, dass ein Preis, der in einem Jahr vergeben worden ist, im nächsten Jahr auch wieder ausgeschrieben werden wird.

Seid also nicht zu enttäuscht, wenn es nicht klappt mit dem Preis, das sagt nichts über die Qualität eurer Arbeit aus. Und setzt zur Finanzierung der Druckkosten lieber auf ein Druckkostenzuschussstipendium.

Träumen dürft ihr aber natürlich trotzdem! **219c**

F. Korrekturen und Druckfahnen

Wenn ihr euren Verlag bzw. auch eure Reihe gefunden habt und den **220**
Verlagsvertrag unterschrieben sowie die Finanzierung gesichert habt, geht die Arbeit mit dem Text wieder los. Wenn ihr in einem Verlag veröffentlicht, werdet ihr (mehr oder weniger strenge) Vorgaben bekommen, wie ihr eure Arbeit zu formatieren habt. Hier geht es darum, Fußnoten anzupassen, klassische Fehler wie etwa doppelte Leerzeichen zu korrigieren und generell die Arbeit so weit vorzubereiten, dass sie „satzfertig" ist, also in das Verlagsformat gebracht werden kann. Die inhaltliche Arbeit sollte zu diesem Zeitpunkt schon abgeschlossen sein. Überprüft vor Abgabe der Verlagsversion auch noch einmal euren Text in stilistischer Hinsicht. Nach Einreichung beim Verlag solltet ihr keine größeren Eingriffe mehr in den Text vornehmen.[92]

Anschließend erfolgt der Satz meist durch den Verlag. Ihr bekommt **220a**
im Anschluss daran die Korrekturfahnen zugeschickt. Diejenigen von euch, die als wissenschaftliche Mitarbeiter:innen an einem Lehrstuhl

---

[91] https://koerber-stiftung.de/projekte/deutscher-studienpreis/ (zuletzt geprüft 28.02.2023).

[92] Wenn ihr nämlich in der Fahnenkorrektur noch größere Änderungen vornehmt, kann der Verlag euch ggf. hierfür Mehrkosten auferlegen.

beschäftigt waren, kennen im Zweifel das nun folgende Prozedere bereits von der Arbeit für ihre Professor:innen. Eure Aufgabe ist es jetzt, den gesetzten Text noch einmal akribisch auf Fehler durchzugehen. Hierbei geht es in erster Linie um Rechtschreibung, Zeichensetzung und Grammatik. Ihr solltet zusätzlich darauf achten, dass beim Satz alles gut gegangen ist und nicht etwa Teile des Textes falsch formatiert wurden oder sogar fehlen. Denn ja: Auch renommierte Verlage machen Fehler.

221 Die Zusendung der Druckfahnen kann, je nach Verlag, elektronisch oder per Post erfolgen. Solltet ihr die Druckfahnen postalisch erhalten, heißt das aber nicht, dass ihr sie auch postalisch wieder zurückzusenden müsst. Meist reicht es (nach Absprache) die Seiten, auf denen ihr Korrekturen vorgenommen habt, einzuscannen und per Mail zurückzusenden. Es kann sein, dass euch mehrere Schleifen der Korrekturfahnen erreichen (Satzfahnen/Endfahnen) und ihr also euren Text noch mehrfach zu Gesicht bekommt, bis es an den eigentlichen Druck geht. Aber verlasst euch nicht darauf! Nehmt euch lieber bereits bei der ersten Zusendung der Fahnen die Zeit, den Text genau durchzugehen.

221a Hier sei noch ein kurzer Hinweis erlaubt: Es passiert leider auch, dass sich im Druck selbst noch Satzfehler einschleichen. Wenn ihr also das gedruckte Buch in den Händen haltet, solltet ihr stichprobenartig schauen, dass sich keine gröberen Fehler eingeschlichen haben. Wir haben etwa von einem Fall gehört, in dem der Verlag fälschlicher Weise in die Mitte der Dissertation Seiten eines anderen Manuskripts gedruckt hatte. Sollte euch in eurem Buch ein solcher, größerer Fehler auffallen, sprecht euren Verlag unbedingt darauf an. Die meisten Verlage sind hier auch mit dem Druck neuer Exemplare sehr kulant.

G. Verzeichnisse und Danksagung

222 Neben der Arbeit an dem schon bestehenden Text müsst ihr eure Verzeichnisse überarbeiten und könnt eine Danksagung erstellen

I. Verzeichnisse

223 Eine Dissertation hat zumeist drei Verzeichnisse: Das Inhaltsverzeichnis am Anfang sowie das Quellen- und Stichwortverzeichnis am Ende. Das Quellenverzeichnis kann sich wiederum in Unterverzeichnisse wie Literaturverzeichnis, Urteilsverzeichnis und Abbildungsverzeichnis aufteilen.

Quellenverzeichnis und Inhaltsverzeichnis werdet ihr im Regelfall schon für das Einreichungsexemplar erstellt haben. Hier gilt es nur eine Überarbeitung entsprechend der Verlagsvorgaben vorzunehmen. **224**

Ein Stichwortverzeichnis ist hingegen meist noch nicht vorhanden. Sinnvoll ist es natürlich, das Stichwortverzeichnis schon während der inhaltlichen Arbeit zu erstellen und sich immer wieder im Laufe der Arbeit Wörter zu notieren, die für den Inhalt eurer Arbeit besondere Relevanz besitzen (am besten in Word mit „Referenzen" → "Eintrag markieren"). Mit einer solchen Liste ist es dann ein Leichtes, euer Stichwortverzeichnis zu erstellen. Wenn ihr eine Datenbank wie Citavi benutzt habt (s. Rn. 88 ff.), könnt ihr euch an euren „Schlagwörtern" orientieren. Doch wahrscheinlich werdet ihr während der inhaltlichen Arbeit nicht schon permanent im Blick behalten haben, dass ihr ja irgendwann ein Stichwortverzeichnis werdet erstellen müssen. **225**

Daher hier ein paar Tipps von uns für eine Vorgehensweise, wenn ihr euch auf einmal mit dieser Aufgabe konfrontiert sehen solltet:

Macht euch klar, was die Existenz eines Stichwortverzeichnisses legitimiert. Es wird gebraucht, um schnell zu einzelnen Stichpunkten relevante Informationen zu finden. Die Stichwörter dürfen daher nicht zu allgemein sein, da sie ansonsten auf jeder zweiten Seite auftauchen. Sie dürfen allerdings auch nicht zu speziell sein, da ansonsten die Übersichtlichkeit leidet. **225a**

Geht also erstmal euer Inhaltsverzeichnis durch und schreibt euch auf ein Blatt Papier Stichpunkte auf, die euch als relevant erscheinen. Dann nehmt ihr dieses Blatt und versucht euch an einem Brainstorming ausgehend von den wichtigsten Stichworten eurer Gliederung. **225b**

Welche Wörter fallen euch noch spontan ein, die Bedeutung für eure Arbeit hatten? Gibt es für einzelne Wörter vielleicht Unterkategorien? Gibt es Personen oder Institutionen, die besonders häufig vorkommen oder an einer bestimmten Stelle explizit behandelt werden? **225c**

Nehmt euch an dieser Stelle Zeit, eurem assoziativen Denken genügend Raum zu geben. Hilfreich ist es auch, in Stichwortverzeichnisse anderer thematisch einschlägiger Bücher zu schauen und die für euch passenden Stichwörter von dort zu übernehmen.

Habt ihr irgendwann das Gefühl, dass ihr genug Wörter beisammen habt, so schreibt ihr sie in alphabetischer Reihenfolge in ein Dokument. Dann beginnt ihr beim ersten Wort und sucht dieses mittels der Wortsuchfunktion „Strg+F" in den Druckfahnen.[93] Hier müsst ihr genau **225d**

[93] Eigentlich eine Selbstverständlichkeit, aber weil wir schon anderes erlebt haben, hier der Hinweis: Die Erstellung des Stichwortverzeichnisses sollte erst dann begonnen werden, wenn der Satz final ist! Ansonsten sind eure Verweise

darauf achten, dass ihr nicht einfach jede Textstelle zitiert, in der das entsprechende Wort auftaucht, sondern dieses auch tatsächlich inhaltlich Thema sein sollte. Die entsprechenden Seitenzahlen schreibt ihr dann hinter das Wort und wiederholt das mit allen Wörtern et voilà: Ihr habt den Grundstock eures Stichwortverzeichnisses. Es bietet sich hier auch an, mit „Eintrag markieren" bei Word zu arbeiten und so ein dynamisches Stichwortverzeichnis zu erstellen. Der Vorteil ist, dass sich das Stichwortverzeichnis dann – wie auch das Inhaltsverzeichnis – jederzeit bei Änderungen des Dokuments, insbesondere der Seitenzahlen, aktualisiert.

225e Inwiefern ihr dieses noch weiter ausarbeitet und mehr Wörter sucht und wie oft ihr eure Dissertation auf Stichwörter hin durchgeht, bleibt letztlich euch überlassen. Lasst euch aber gesagt sein, dass man in die Arbeit an einem Stichwortverzeichnis auch gut und gerne mehrere Wochen investieren kann, wenn man es sehr akribisch macht. Wie notwendig das ist, muss jede:r für sich selbst entscheiden und hängt natürlich auch von eurem Zeitbudget ab. Sollte euer Inhaltsverzeichnis jedoch schon sehr ausführlich sein, halten wir ein Stichwortverzeichnis zwar für einen netten Service für die Lesenden, aber niemand wird es euch verübeln, wenn ein Stichwort fehlt. Ihr schreibt schließlich eine in sich geschlossene Monografie und kein Register oder Nachschlagewerk.

II. Widmung und Danksagung

226 Es ist üblich, wenn auch nicht verpflichtend, eure Dissertation mit einer Widmung und einer Danksagung zu versehen.

227 Die Widmung steht dabei meist ganz zu Beginn des Buches auf einer eigenen Seite und ist in der Regel sehr kurz (oft ein Satz oder Satzteil). Hier könnt ihr einer oder mehreren Personen(en), die euch im Promotionsprozess begleitet hat bzw. haben oder die euer Antrieb zum Verfassen der Dissertation war(en), herausgehoben danken und eure besondere persönliche Verbundenheit zum Ausdruck bringen. Klassische Widmungen richten sich oft an die Eltern, Kinder oder Partner:innen.

228 Die Danksagung ist im Gegensatz zu der Widmung etwas weitschweifiger (ca. eine Seite). Hier könnt ihr euch bei allen Personen bedanken, die euch während eurer Promotionsphase fachlich oder persönlich unterstützt haben, etwa eure Betreuer:innen, Kolleg:innen, Freund:innen oder Familie. Hier könnt ihr, wenn ihr wollt, auch dazu-

---

auf Seitenzahlen im Zweifel nicht verwertbar. Ihr könnt allerdings auch von Anfang an auf dynamische Verweise setzen und das Problem somit umgehen.

schreiben, wofür genau ihr euch bedanken wollt. Es gibt für die Danksagung keine festen Regeln und auch die Länge bleibt natürlich euch überlassen. Wir haben schon Dissertationen mit Danksagungen über mehr als drei Seiten gesehen, wobei dies eher eine Ausnahme darstellt. Wir würden euch raten, nicht mehr als eine Seite für die Danksagung zu verwenden und auch hier professionell zu bleiben. Einige Promovierende versuchen in der Danksagung besonders witzig oder flapsig zu sein. Wir persönlichen fänden Sätze wie: *„Danke auch an Feli und Tobi, den Tequila und den Eimer neben dem Bett – euer Möhrchen."* wahrscheinlich amüsant. Bedenken solltet ihr aber, dass das wahrscheinlich nicht jede:r so sieht, insbesondere vielleicht auch ihr selbst in einigen Jahren nicht mehr. Eine Danksagung, für die ihr euch in einigen Jahren schämt, ist deshalb besonders ärgerlich, weil die Danksagung die erste Seite eurer Dissertation darstellt und somit das Erste ist, was eure Leser:innen sehen, wenn sie euer Buch aufschlagen. Überlegt euch also zweimal, bevor ihr in der ersten Euphorie der Abgabe solche Sätze in eure Danksagung schreibt. Im Zweifel gilt hier: Weniger ist mehr. Und es schadet auch nicht, die Danksagung von einer Vertrauensperson einmal gegenlesen zu lassen.

III. Sonderwünsche und Werbetexte

Habt ihr spezielle Wünsche, wie bspw. eurer Arbeit ein Zitat oder **229**
ein Titelbild voranzustellen, so solltet ihr dies möglichst frühzeitig mit dem Verlag abklären. Vieles ist tatsächlich möglich, wenn man einfach nett nachfragt. Es ist schließlich vielleicht das einzige Buch, dass ihr je schreiben werdet und daher völlig in Ordnung, wenn ihr konkrete Wünsche und Vorstellungen habt, was die Gestaltung angeht. Allerdings sind euch häufig dort Grenzen gesetzt, wo die Einheitlichkeit des Layouts der Bücher eines Verlags oder einer Reihe gefährdet wird.

Der Verlag wird euch zudem im Zweifel bitten, einen Klappentext sowie einen Text für die Rückseite sowie ggf. einen Werbetext zu entwerfen. Hierbei kann es nicht schaden, euch Mühe zu geben, da diese kurzen Texte den ersten Eindruck eurer Arbeit auf die Lesenden prägen (bzw. überhaupt erst zum Lesen verleiten sollen). Zusätzlich verlangen die Verlage oft eine Kurzbiografie von euch.

Kapitel 5. Der Nachklang

Die Korrekturschleifen sind gedreht, die Verzeichnisse überarbeitet und die Danksagung geschrieben? Dann wird der Tag kommen, an dem ihr euer Buch – sofern ihr euch entschieden habt, in einem Verlag zu publizieren – in Händen halten werdet. Teilweise bekommt ihr vom Verlag vorab das erste gebundene Exemplar zugesendet, teilweise auch alle eure Exemplare auf einen Schlag. So oder so ist dies ein wirklich schöner Moment, in dem ihr wirklich realisieren werdet, dass ihr ein Buch geschrieben habt. 230

A. Die Freiexemplare

Je nach Verlag erhaltet ihr eine gewissen Anzahl an Freiexemplaren. Dies sind meist um die 20 Stück. Die Freiexemplare stehen euch zur freien Verfügung zu, ihr könnt sie insbesondere an Freund:innen, Familienangehörige oder Mentor:innen verschenken. Ihr könnt sie auch erstmal behalten, denn im Laufe eures Lebens werden euch sicher noch Personen begegnen, denen ihr ein Exemplar eurer Dissertation schenken wollt. Oft werdet ihr in eurem Verlagsvertrag auch besondere Konditionen finden, zu denen ihr eure eigene Dissertation erwerben könnt (häufig: Autor:innenrabatt von 40%). 231

B. Die Pflichtexemplare

Ferner erhaltet ihr, je nach Verlagsvertrag, auch Pflichtexemplare zur Ablieferung bei eurer Fakultät. Bei den Pflichtexemplaren handelt es sich um gebundene Fassungen euerer Dissertation, die je nach Vorgaben eures Promotionsbüros ggf. ein spezielles Deckblatt enthalten müssen. Je nach Promotionsordnung sind es ca. 10–20 Stück. Diese müsst ihr entweder selbst zum Promotionsbüro bringen oder ihr bittet den Verlag, die Pflichtexemplare direkt an das Promotionsbüro zu versenden. 232

Nachdem ihr die Pflichtexemplare abgegeben habt, habt ihr im Regelfall alles erfüllt, um die endgültige Titelführungsbefugnis zu erhalten. 233

Das Promotionsbüro wird eure endgültige Promotionsurkunde ausstellen. Diese könnt ihr euch dann abholen oder zuschicken lassen oder ihr erhaltet sie ggf. auch im Rahmen einer Promotionsfeier.

C. Die Promotionsfeier

234 An vielen Fakultäten ist es üblich, eine Promotionsfeier für alle Promovierenden eines Jahrgangs zu organisieren. Dort werden üblicherweise die Doktorand:innen nacheinander auf eine Bühne gebeten und ihnen wird die Promotionsurkunde überreicht (die einige für diesen Anlass selbst von zuhause mitbringen, wenn sie sie schon erhalten haben). Dazu gibt es im Regelfall noch einige Reden von Professor:innen und die Verleihung des Promotionspreises, wenn es an eurer Fakultät einen solchen gibt. Insgesamt ist dies neben der Verteidigung der Dissertation eine gute Gelegenheit eure Verwandten und Freunde an eurer Promotion teilhaben zu lassen – und euch und euer Werk zu feiern. In der Regel gibt es danach auch noch einen kleinen Umtrunk auf Dekanatskosten.

D. Die Rezensionen

235 Wurde eure Dissertation in einem Verlag oder einer bekannten Reihe veröffentlicht, so besteht eine gewisse Wahrscheinlichkeit dafür, dass eure Arbeit rezensiert wird. Ihr könnt euch auch auf privatem Weg um Rezensionen bemühen, etwa, indem ihr Personen, die es interessieren könnte, euer Buch zuschickt. Häufig werdet ihr vom Verlag über das Erscheinen von Rezensionen informiert. Es kann mitunter ein befremdliches Gefühl sein, dass eure Arbeit auf einmal in der Welt ist und von euch fremden Personen einer kritischen Bewertung unterzogen wird. In erster Linie ist es aber unserer Erfahrung nach ein Zeichen der Wertschätzung, wenn sich jemand die Zeit nimmt, sich mit eurer Arbeit detailliert auseinanderzusetzen.

236 Einen Rat können wir euch hierzu noch auf den Weg geben. Lasst euch von kritischen Rezensionen nicht zu sehr aus der Bahn werfen. Nach unserer Erfahrung wird in Deutschland bei Rezensionen von Arbeiten ein enorm strenger Maßstab angelegt und teilweise auch sehr lange gesucht, bis man etwas zum Kritisieren finden kann. In den meisten Fällen will die Person, die eure Arbeit rezensiert, euch mit ihrer Rezension nicht (nur) einen Gefallen tun, sondern sich auch selbst als Wissenschaftler:in profilieren, und dafür muss sie etwas zu kritisieren finden.

Jan: *Ich kann mich noch daran erinnern, dass mir in einer Rezension angekreidet wurde, dass ich die Regelungen des französischen Rechts nicht in den Blick genommen hätte, was ich bei einer Arbeit, die in keiner Form rechtsvergleichend konzipiert war, etwas witzig fand. Gleichzeitig findet sich in so gut wie jeder Rezension zu meiner Arbeit der Hinweis, dass der Lesefluss durch Rechtschreibung und Zeichensetzungsfehler gestört werde. Daher nochmal mein Appell: Seid nicht so dumm wie ich und macht die Endredaktion halbherzig, weil ihr gerade im Referendariat seid oder einfach keine Lust mehr habt. Es wird Leuten auffallen und ihr werdet jedes Mal ein bisschen rot werden, wenn dies in einer neuen Rezension thematisiert wird.*

E. Die Titelführung

Uns steht es keinesfalls zu, euch in irgendeiner Form Vorgaben zu machen, wie ihr euren Titel nutzen sollt. Wir wollen an dieser Stelle jedoch kurz unsere eigenen Erfahrungen wiedergeben. Zunächst einmal seid ihr spätestens mit Verleihung der Promotionsurkunde befähigt, den Titel zu führen. Wie exzessiv ihr das macht, ist jedoch eine Geschmacks- und Stilfrage. Nach all der Zeit, die ihr in eure Arbeit gesteckt habt, ist es natürlich vollkommen verständlich, dass ihr auch nach außen hin zeigen wollt, was ihr erreicht habt. Im beruflichen Kontext ist die Nutzung eures Titels bspw. in der E-Mail-Signatur auch selbstverständlich. **237**

Die private Nutzung eures Titels für Tischreservierungen in Restaurants oder in Vorstellungsrunden kann jedoch einigen Personen negativ aufstoßen. In unseren – zugegebenermaßen bildungsbürgerlichen – Kreisen hat es sich daher eher eingebürgert, den Titel im privaten Kontext so gut wie gar nicht zu nutzen. Die Nutzung ist eher „uncool", was man natürlich auch albern und elitär finden kann. Wir wollen nur dafür plädieren, dass ihr euren Titel nicht unreflektiert einsetzt und euch der Wirkung eures Titels bewusst seid. **238**

F. Die Anmeldung bei der VG Wort

Ihr solltet euch spätestens nach Erscheinen eures Buches auf jeden Fall bei der VG Wort anmelden. Die VG Wort ist eine Verwertungsgesellschaft für Sprachwerke. Hierfür müsst ihr der VG Wort zunächst einmal euer Einverständnis zur Wahrnehmung eurer Rechte geben. Euer Buch könnt ihr anschließend über das Portal T.O.M. (Texte Onli- **239** ne Melden) der VG Wort einreichen.[94] Im darauffolgenden Jahr werdet ihr dann an der Gewinnausschüttung beteiligt. Bei einer Dissertation sind das im Regelfall zwischen 1.000–3.000 EUR, also ein nicht zu vernachlässigender Betrag.

---

[94] https://tom.vgwort.de/portal/index (zuletzt geprüft 28.02.2023)

Kapitel 6. „Best of"

Quellen: *Kring, Franziska:* Interview mit Professor Matthias Jahn, LTO, https://www.lto.de/karriere/jura-studium/stories/detail/interview-matthias-jahn-jura-tipps-dissertation-promotion-wissenschaftliches-arbeiten.

In der *Promovierten-Umfrage* haben wir Personen, die ihre Promotion bereits erfolgreich absolviert haben, danach gefragt, was ihre besten Erfahrungen und ihre größten Schwierigkeiten waren. Wir haben sie ferner danach gefragt, was sie angehenden Doktorand:innen, also euch, raten würden. Wir fanden die Antworten sehr interessant und haben uns in vielen wiedergefunden. **240**

Gleichzeitig sind die Ratschläge, die wir für euch von ehemaligen Doktorand:innen eingesammelt haben, teilweise widersprüchlich und gegenläufig zu dem, was wir euch in diesem Buch empfehlen. Dies zeigt einmal mehr, wie an vielen Stellen in diesem Buch betont, dass die Promotion ein sehr individueller Prozess ist. Ihr solltet euch also von den Ratschlägen anderer (inklusive unserer) immer nur das zu eigen machen, was euch hilft. Ihr seid die „Herr:innen über euren Promotionsprozess."[95] Der vermeintliche Königsweg ist häufig genug eine Sackgasse. Macht euch immer bewusst, dass ihr euren eigenen Weg finden müsst. Insofern halten wir es auch nicht für ausgeschlossen, dass unter Umständen sogar „ich schreibe mir den Doktortitel mit weißer Farbe auf die Mülltonne"[96] eine individuell tragfähige Motivation zum Verfassen einer Dissertation sein kann. **241**

Auch war es großartig zu sehen, dass viele Personen noch 30 Jahre nach ihrer Promotion sehr plastische Erinnerungen an ihre Promotionszeit haben und sie noch heute als lebensprägend empfinden. Teilweise wurden wir aufgrund der Umfrage von gestanden Richter:innen angerufen, deren Promotion schon viele Jahre zurückliegt und die durch unseren Ratgeber wieder daran erinnert worden sind und sich mit uns austauschen wollten. Dies alles haben wir persönlich als sehr bereichernd empfunden, und deshalb wollen wir auch diese Erfahrungen mit **242**

---

[95] Vgl. *Kring, Franziska:* Interview mit Professor Matthias Jahn, LTO, https://www.lto.de/karriere/jura-studium/stories/detail/interview-matthias-jahn-jura-tipps-dissertation-promotion-wissenschaftliches-arbeiten.

[96] *Kring, Franziska:* Interview mit Professor Matthias Jahn, LTO, https://www.lto.de/karriere/jura-studium/stories/detail/interview-matthias-jahn-jura-tipps-dissertation-promotion-wissenschaftliches-arbeiten.

euch teilen. Insbesondere einige der Originalantworten sind so schön, dass wir sie hier abdrucken möchten. Vielleicht helfen sie euch ja mal an einem der Tage, an dem man ihr euch nicht aufraffen könnt und in einer der verschiedenen Krisen steckt (s. Rn. 149 ff.). Vielleicht bereiten sie euch auch in vielen Jahren noch Freude, wenn ihr eure Promotion bereits abgeschlossen habt.

A. Was haben Sie Positives aus der Promotionszeit mitgenommen?

„Entwicklung von Strategien gegen Prokrastination, Durchhaltevermögen, dogmatisches Fundament.“

„Eigenständiges Denken und Arbeiten, Eigenverantwortlichkeit, Demut vor komplexen Fragestellungen, Demut vor dem Wissen anderer, Mut eigene Thesen zu vertreten, Kennenlernen der Universität auf einer anderen Seite, Lehrerfahrung.“

„Die Fähigkeit sich langanhaltend und erschöpfend mit einem Thema wissenschaftlich auseinanderzusetzen und eigene Lösungswege entwickeln zu können.“

„Den Titel ;)“

„Das freie, selbstbestimmte Arbeiten war eine tolle Erfahrung. Auch die Erkenntnis, dass man sich ohne Druck dennoch zu einem endgültigen Werk in einer zeitlich überschaubaren Zeit disziplinieren konnte.“

„Das Selbstbewusstsein quasi jedes juristische Problem lösen zu können, wenn ich genug Zeit für die Lösung habe. Mein Sprachstil hat sich deutlich verbessert, weil man sich auch so lange mit seinem eigenen geschriebenen Wort beschäftigt. Ich habe viele sehr nette und kompetente Promotionskollegen getroffen, die überwiegend (auch nach der Diss) im selben Feld arbeiten, wie ich.“

„Ich konnte meiner wesentlichen Leidenschaft Leistungshandball (2. Bundesliga) nachgehen. Die Promotion mit der Stelle am Lehrstuhl hat mir die notwendigen Freiräume für 8x Training in der Woche gegeben – gleichzeitig konnte mich sinnvoll „weiterqualifizieren.“

„Tolle Zeit des freien und selbst bestimmten Arbeitens. Erhebliche persönliche Fortentwicklung.“

„Die Erkenntnis, dass Fleiß und Durchhaltevermögen sich lohnen und es einem auch bei Anfangsschwierigkeiten gelingen kann, ein ganzes Buch zu schreiben.“

„Gründliches wissenschaftliches Arbeiten, schnelle und effiziente Recherche, Spezialwissen in den beleuchteten Bereichen, Kontakte in Wissenschaft und Verlage.“

„Das wissenschaftliche Arbeiten auf hohem Niveau. Die Fähigkeit, trotz erheblicher beruflicher Eingespanntheit und gegen alle Widerstände eine sehr gute Leistung bescheinigt bekommen zu haben. Und immer wieder: den Titel.“

„Es lohnt sich, die historische Begründung von Meinungen nachzuvollziehen und sie nicht als gegeben hinzunehmen.“

„Besseres Wissen um das juristische Interesse (welches Rechtsgebiet gefällt mir?), persönliche Reife.“

„Einblicke in Lehrstuhl-/Universitätsarbeit, die Erkenntnis, keine wissenschaftliche Karriere anzustreben, ergebnisorientiertes Arbeiten, Selbständigkeit.“

„Die Fähigkeit, eine bestimmte Fragestellung systematisch zu beantworten.“

„Freiheit und ein dickes Buch (hilft manchmal draufzuschauen, wenn man mal wegen was am Verzweifeln ist).“

Ich habe sehr viele Kontakte im europäischen Ausland geknüpft, die ich zum Teil heute noch aufrechterhalte. Ich habe meine Fremdsprachenkenntnisse extrem verbessert und vor allem an Selbstbewusstsein gewonnen, weil ich trotz aller Mühen die Arbeit zu Ende gebracht habe. Ich musste oft über mich hinauswachsen und habe dadurch weniger Angst vor unbekannten Situationen, was mir auch den Einstieg in den Richterberuf erleichtert hat. Dadurch, dass ich mich in ein komplexes Thema und ein fremdes Rechtssystem einarbeiten musste, habe ich meine Fähigkeit, mir unbekannte Rechtsgebiete zu erarbeiten deutlich verbessert.“

„Puhhh! Durchhaltevermögen; die Kraft und Kapazität meines Gehirns (hätte nie gedacht, dass ich zu solchen abstrakten Verrenkungen fähig bin); Eine gewisse Ordnung im Denken, in der Arbeit und – vor allem – in meinen Schreiben/Schriftsätzen; Systemkompetenz; Flexible Arbeitszeiten; Das überwinden des inneren Schweinehunds; die Fortsetzung des Studentenlebens; Eine sehr unbeschwerte Zeit (jedenfalls in den ersten 2 bis 3 Jahren ...)“

„Intensive, tiefe, konsequente Beschäftigung mit einem wissenschaftlichen Thema, die zu einem späteren Zeitpunkt nicht mehr in dieser Weise möglich sein dürfte. Zudem Möglichkeit, längere Zeit in einer anderen Wissenschaft (Philosophie) zu arbeiten. Sehr positiv war das Doktorandenkolloquium, in das ich eingebunden war.“

„Man kann sich mit Erfolg von hergebrachten Lehren und Denkmustern lösen und lernt, auf das selbst Erarbeitete vertrauen zu können."

„Ich kann querlesen, das war m.E. entscheidend im zweiten Examen. Wer in einem Kommentar jeden Satz genau liest, hat in der Klausur keine Chance. Das Querlesen hilft mir beim Aktenstudium bis heute. Außerdem: Selbstdisziplin, Selbstorganisation, Priorisierung."

„Die Forschung und die Arbeit mit Gesetzesmaterialien ist auch für die juristische Praxis ein wichtiges Instrument, welches im Rahmen des Verfassens von Hausarbeiten eher weniger „trainiert" wurde."

„Es war spannend, sich so intensiv in ein Thema einzuarbeiten, wobei ein Teil der Schwierigkeit war, erstmal das Thema und den Aufbau der Diss. überhaupt herauszuarbeiten. Am Ende war es ein tiefes Gefühl der Befriedigung, das Ganze zu einem sehr erfolgreichen Ende geführt zu haben und für mich entdeckt zu haben, dass das temporäre wissenschaftliche Arbeiten zwar sehr beflügelnd war, aber auf Dauer nicht meine Berufung ist (zu wenig praxisnah). Meine Diss. wurde nach dem Rigorosum beim MPI in eine Schriftenreihe aufgenommen. Das hat mich sehr stolz gemacht. Nicht zuletzt war die Promotionszeit auch einfach zusätzliche Zeit, die mir vor dem Berufseinstieg geschenkt wurde."

„Ich habe zwei neue Fremdsprachen (Italienisch und Altgriechisch) gelernt. Außerdem habe ich meine Lateinkenntnisse erheblich verbessert. Durch meine intensive Beschäftigung mit dem Römischen Recht habe ich insgesamt ein umfassenderes und fundierteres Verständnis unserer Rechts- und Gesellschaftsordnung entwickelt. Auf wissenschaftlichen Tagungen (insbesondere der „Jungen Romanisten") habe ich viele neue Kontakte und bis heute fortdauernde Freundschaften geknüpft."

„Die Erkenntnis, dass systematisches und logisches Durchdringen einer Materie bis zum Kern nicht nur Spaß machen kann, sondern auch den eigenen Horizont weitet. Im beruflichen Alltag hat man in der Regel nicht mehr die Gelegenheit, regelmäßig so tiefgreifend zu recherchieren. Wenn es aber einmal nötig wird, weiß man, dass man das Handwerkszeug dafür besitzt und dies jederzeit bewerkstelligen kann. Diese Gewissheit hilft ungemein (auch beim Argumentieren in der Kammer)."

„Die Lehrerfahrung, die ich im Rahmen der Promotionszeit erworben habe; viele Kontakte in der Wissenschaft, die ich in meiner noch immer bestehenden wissenschaftlichen Tätigkeit nutzen kann; die Erfahrung, frei an einem selbstgewählten Thema zu arbeiten; die

Erkenntnis, auch große Aufgaben mit Ausdauer und Hartnäckigkeit erfüllen zu können"

„Es war eine Phase des eigenständigen Arbeitens und Denkens, was ich nach dem engen (Lern-)Korsett im Studium und in der Examensvorbereitung als sehr angenehm empfunden habe und was mir die Rechtswissenschaften noch einmal auf eine neue und viel interessantere Art und Weise nähergebracht hat. Zudem habe ich im Gegensatz zum ersten Staatsexamen keinen inneren und äußeren Druck mehr empfunden und diese Freiheit sehr genossen."

„Akademische Freiheit; universitäre Atmosphäre; Fähigkeit, viel Stoff (quer) zu lesen und zu filtern; sprachliches Ausdrucksvermögen in Schrift und Wort."

„Ich habe als Richterin im Hochschuldienst promoviert. Es war eine schöne Abwechslung zum Berufsalltag, die zwei Jahre gedauert hat. Ich habe für mich entdeckt, dass ich wissenschaftlich arbeiten kann (vorher wusste ich nicht, ob mir das wirklich liegt). Der Austausch mit dem Doktorvater ist sehr gewinnbringend. Ich hatte die Möglichkeit mit ihm tiefgehend über komplexe juristische Themen zu diskutieren. Er hat sich für mich Zeit genommen. Weiter durfte ich an der Universität für meinen Doktorvater in einem Kommentar schreiben und manchmal Vorlesungen halten. So ist eine tiefergehende Verbindung zur WWU Münster entstanden, welche heute noch besteht."

„Das Wissen aus der Promotion hat mich nicht weitergebracht, aber das vertiefte wissenschaftliche Arbeiten, die gelernte Ausdauerfähigkeit und das Rückgrat, eine eigene Meinung mit Lösungsansätzen für ein bislang kaum bearbeitetes Problem zu entwickeln, helfen mir bei meiner Arbeit. Und: Selbstbewusstsein."

„Es war ein sehr intensives Jahr, das ausschließlich auf die Arbeit ausgerichtet und deshalb sehr konzentriert war. Ich war morgens beim Öffnen der Türen in der Uni und habe sie beim Schließen abends wieder verlassen. Dass ich das geschafft habe, hat mich damals (2000) stolz und auch selbstbewusst gemacht. Man hat gelernt, mit Höhen und Tiefen umzugehen und zu merken, dass die Arbeit trotz der Durststrecken entsteht und vorankommt. Für mich war das Thema nicht so wichtig, sondern mehr das Erstellen der Arbeit als Solches."

„Entscheidung gegen Uni und für Justiz."

„Nen Kugelschreiber von einer Stiftung."

B. Was waren für Sie die größten Schwierigkeiten?

„Bei den ersten 5% der Arbeit den Zugang zu finden und bei den letzten 5% die Motivation zu behalten."

„Selbstmotivation" [Anm. von uns: dieser Punkt wurde sehr oft angegeben].

„Es besteht nicht immer die Möglichkeiten, jemanden zu fragen, wenn man nicht weiterkommt. Das ist die Kehrseite davon, dass man erstmals „etwas Neues" schafft, denn niemand ist so tief in dem Thema wie man selbst. Das kann überfordernd sein; entsprechend bringt es einen jedoch auch weiter, wenn man es geschafft hat."

„Fokussierung."

„Zeit am Stück zu finden, wenn ich sie eigentlich brauchte. Wichtiges von Unwichtigem bei der Darstellung der theoretischen Teile am Anfang der Arbeit zu trennen, die sich stetig weiter entwickelnde Entscheidungspraxis zu integrieren (Thema war sehr aktuell und noch im Fluss zum Zeitpunkt der Bearbeitung), die Motivation zu finden, nach der ersten Abgabe beim Doktorvater den einzigen wesentlichen Hinweis „Dampfen Sie das noch etwas ein!" in die Tat umzusetzen. Die Motivation zu finden, knapp ein Jahr nach Abgabe die Arbeit für die Veröffentlichung zu aktualisieren."

„Die Orientierung im Thema und in der Arbeit zu behalten und die „richtigen" Prioritäten zu setzen."

„Zeitmanagement in der „berufsbegleitenden" Phase (damals noch Rechtsanwalt); Motivation nach einer ersten negativen Rückmeldung des Doktorvaters, die dann aber letztlich auch zu erheblichem Gewinn beigetragen hat."

„Beim Thema zu bleiben und sich nicht in Nebenaspekten verlieren."

„Komplizierte Beschaffung der/Zugang zur ausländischen Literatur; Verhinderung einer zu weiten Fassung des Themas; Zeitmanagement."

„Familie, Beruf und Promotion zeitlich „unter einen Hut" zu bringen."

„Fertig werden! Promotion ist ein unfassbarer Zeitfresser; Selbstdisziplin; Streckenweise auch Geld und Lebensstandard; Als es dann nebenberuflich gelaufen ist, war es wirklich nicht mehr schön. Jedes Wochenende in die Bib oder an den PC ... macht keinen Spaß; Das persönliche Umfeld immer wieder vertrösten, wann man den mit der Doktorarbeit nun endlich fertig ist ..."

„Die Zeiteinteilung (ich hatte zunächst einfache viele Urteile und Aufsätze kopiert und mich eingelesen; irgendwann ging es aber darum, mit dem Schreiben zu beginnen; dies war entgegen meiner Einschätzung doch schwieriger als gedacht).“

„Die Einsamkeit beim Schreiben, Unsicherheit über die Qualität des Erarbeiteten, Unsicherheit über die notwendige und sinnvolle Tiefe der Ausführungen.“

„Der Abschluss der Promotion (im Sinne der endgültigen Fertigstellung), da so die Arbeit eigentlich nie fertig ist und man etwas Mut braucht, um am Ende den Schlusspunkt zu setzen.“

„Das Finden eines Themas, bzw. als es dann gefunden war, dies in eine Struktur zu führen. Meine Arbeit ist am Ende viel wissenschaftlicher geworden, als ich das ursprünglich geplant hatte. Das hat sich erst während des Schreibens so herauskristallisiert. Damals (2002/2003) gab es noch wenige im Internet zugängliche Quellen. Vieles musste umständlich über Bibliotheken ausgeliehen, kopiert oder bestellt werden.

Vor allem am Ende hat es sehr viel Kraft gekostet, das Werk abzuschließen. Wegen der Veröffentlichung in einer Schriftenreihe mussten sehr strenge Standards bzgl. Layout etc. eingehalten werden, was sehr viel Kraft und Nerven gekostet hat.“

„Ich musste die Dissertation in meiner Freizeit schreiben neben dem Referendariat und einem Nebenjob. Meine Partnerschaft hat das sehr belastet.“

„Das Zeitmanagement und insbesondere sich selbst zuzugestehen, dass es auch Tage gibt, an denen man in der Promotion nicht weiterkommt und dass man dann kein schlechtes Gewissen haben muss, wenn man nach wenigen Stunden die Segel streicht. Der Schaden, den man an einem solchen Tag insgesamt anrichten kann in der eigenen Promotion braucht dann oft mindestens wieder einen halben Tag gutzumachen.“

„teilweise Monotonie der Tätigkeit; Selbstmotivation.“

„Trotz der Fülle der Literatur noch eigene/neue Erkenntnisse zu erarbeiten.“

„Dass ich praktisch nicht betreut wurde und auf mich allein gestellt war. Des Weiteren hatte ich einen Zweitgutachter, der die von mir in der Dissertation vertretene These (aus politischen Motiven) nicht teilte und mir im Zweitgutachten Unfachlichkeit und schlechte handwerkliche Arbeit unterstellte (was mein Erstgutachter absolut nicht bestätigen konnte) und nicht inhaltlich argumentierte. In der Disputation

saßen mir dann drei ältere Herren über 70 entgegen und ich hätte mir mehr Diversität gewünscht in der Hochschullandschaft.“

„Die Doppel- (oder sogar Dreifach-) Belastung über einen langen Zeitraum sowie die organisatorischen Hürden. Ich war erst nebenher wissenschaftliche Mitarbeiterin in einer Rechtsanwaltskanzlei, dann im Referendariat und schließlich in der Schlussphase als Rechtsanwältin tätig. Die meiste Zeit musste die Dissertation also neben einer anderen hauptberuflichen Tätigkeit angefertigt werden. Dabei war es nicht immer leicht, die Zeit zu finden, das Projekt – auch in stressigen Zeiten, z.B. wenn fürs Examen gelernt werden musste oder wenn man im Beruf stark eingespannt war – weiter voranzubringen. Es entstehen dadurch und weil man von anderen Personen abhängig ist, z.B. dem Doktorvater, der gerade den Rohentwurf liest und sich Zeit lässt oder mit dem man einen Besprechungstermin finden muss, immer wieder Phasen, in denen man mit dem Projekt mehrere Wochen oder Monate nichts zu tun hat. Dann muss man sich immer wieder neu einarbeiten, was Zeit kostet. Zudem muss das immer älter werdende Vorhaben mit immer mehr Aufwand aktualisiert werden. Andererseits habe ich es aber auch als positiv wahrgenommen, dass die Arbeit über einen längeren Zeitraum gereift ist und denke, dass ich dadurch immer wieder neue Impulse und Blickwinkel einbringen konnte.“

„Ich habe ohne wirklichen Kontakt mit meinem Doktorvater oder anderen Promovierenden an meiner Dissertation gearbeitet. Es war sehr schwierig, dafür immer die nötige Motivation aufzubringen. Erschwerend war auch, dass ich für die Promotion in eine andere Stadt gezogen bin, in der ich noch keine festen sozialen Bindungen (bis auf eine) hatte. Auch wäre ein intellektueller Austausch über die Themen, an denen ich gerade saß, hilfreich gewesen.“

„Dass nach dem ersten Examen einfach kein Verständnis dafür da ist, wie Dinge in der Praxis laufen und man sich noch so sehr Mühe geben kann, das zu bedenken – man schreibt aus dem „Elfenbeinturm“ heraus. Gegen Ende war es auch extrem belastend, mit dem doppelten Druck aus Referendariat und Promotion fertig zu werden. Ich hatte außerdem irgendwann sehr das Gefühl, dass es relativ nutzlos ist und außer dem Titel für mich sonst niemandem etwas bringt.“

„Ich hatte häufig das Gefühl, mich an einem viel zu kleinteiligen und spezialisierten Thema aufzureiben, dem gesamtgesellschaftlich kaum eine Relevanz zukommt. Das Thema der Promotion schien mir letztlich einfach nicht „so wichtig“ zu sein.“

„Die Kommunikation mit dem Doktorvater, das – im letzten Abschnitt der Arbeit – Fertigstellen während ich als Richterin begonnen

habe meinen Dienst aufzunehmen und die Vorbereitung auf die mündliche Prüfung, da seit der Erstellung einiger Teile meiner Arbeit bereits erhebliche Zeit verstrichen war. Und natürlich das Durchhalten nach etlichen – teils konträren – Änderungswünschen des Doktorvaters.“

„Durchzuhalten und die Professoren dazu zu bewegen, meine Disputation endlich vorzunehmen, nachdem ich bereits ein Jahr zuvor die Arbeit abgegeben hatte. Die Zeitvorgaben in den Promotionsordnungen dürften von einigen doch eher als Empfehlung verstanden worden sein, was mitunter zu Problemen in der Überschneidung von Arbeit/Familie und Dissertationsvorbereitung geführt hat.“

„Die Masse der für mein Thema durchzusehenden Rechtsprechung.“

„Befürchtung, dass das Thema anderweitig schon bearbeitet wird.“

„Erwartungshaltung an sich selbst, psychologische Hemmnisse.“

„Das weiße Blatt.“

„Die Vereinbarkeit der Promotion mit Beruf und Familie.“

„Den Umfang der Arbeit abzustecken und zu begrenzen. Zu erkennen, worauf der Doktorvater eigentlich hinaus wollte.“

„Je tiefer man sich mit seinem Thema beschäftigt, desto kleiner wird der Kreis potentieller Gesprächspartner:innen, mit denen man sich fachlich austauschen kann.“

C. Was würden Sie persönlich zukünftigen Doktorand:innen der Rechtswissenschaft raten?

„Thema aussuchen, das eine Schnittmenge zum Forschungsprofil des Lehrstuhls enthält. Nur so ergeben sich Synergieeffekte bei der Arbeit am Lehrstuhl für die eigene Diss. Mitarbeit am Lehrstuhl der Mitarbeit an einer Kanzlei vorziehen. Wissenschaft sollte in einem wissenschaftlichen Rahmen entstehen. Dieser ist mE in Kanzleien häufig nicht in derselben Form vorhanden wie am Lehrstuhl.“

„Einfache übersichtliche Themen, kein Drang zu Perfektionismus.“

„Ich habe es als einen großen Vorteil empfunden, parallel am Lehrstuhl zu arbeiten und dort „angedockt“ zu sein, denn man hat einen engeren Draht zu seinem Doktorvater, kann diesen oft fragen und lernt schon allein durch dessen Geschichten. Wenn man am Lehrstuhl arbeitet, hat der Prof. schließlich auch einen Vorteil und es ist nur verständ-

lich, dass er mehr Zeit für den Promovenden hat als für „Externe", die in einer Großkanzlei arbeiten. Außerdem hat man Kollegen, die man fragen kann."

„Versucht Leidensgenossen zu finden, die auch grade eine Diss. schreiben. Dort kann man mal meckern und die verstehen eure Probleme am besten, weil sie vor zwei Monaten genau dasselbe Problem hatten. Wenn man alles alleine macht, kann das sehr belastend sein. Die Diss. ist fast immer ein Auf und Ab: Man hat drei Monate das Gefühl, dass es mit Glück klappen kann und dann wieder drei Monate das Gefühl, dass einem alles entgleitet. Am Ende ist es aber ein sehr schönes Gefühl."

„Bei der Themenauswahl ausschließlich dem persönlichen Interesse folgen. Nicht den Vorgaben des Doktorvaters folgen, sich nicht von vermeintlich „zu großen" oder „zu schweren" Themen abschrecken lassen. Identifikation mit der eigenen Arbeit ist unbedingt notwendig."

„Versetzen Sie sich immer in die Rolle des Rechtsanwenders – die Arbeit ist nicht gut, wenn sich daraus nichts für die Realität ableiten lässt."

„Den Titel gibt es vorrangig für das Durchhalten und den Mut, die Arbeit abzugeben, und weniger für bahnbrechende Neuerungen. Auch schreibt man mehr für sich als für die Nachwelt. Zudem sollte sich jede/r das Ziel setzen, im Rahmen der Verwertung der Arbeit danach mindestens zwei Aufsätze in Fachzeitschriften zu veröffentlichen."

„Eine Promotion nicht nur wegen des Titels anstreben. Bereit sein, sich einzugestehen, dass man an den eigenen Ansprüchen scheitern kann und zu lernen, hierbei Abstriche zu machen."

„konsequente Bearbeitung, keine zu langen Abstände bei der Bearbeitung, Abgabe der Arbeit vor Berufsstart bzw. Referendariat."

„Genau zu überlegen, ob es die Arbeit einem persönlich wirklich wert ist. Nur für den Titel sollte man nicht promovieren."

„Die Promotion schon früher anzufangen. Ggf. auch schon vor dem Finden eines Doktorvaters. Am Ende sollte man nicht viel älter sein als die Unpromovierten, damit man davon wirklich einen Vorteil hat."

„Einen Lehrstuhl suchen mit einem guten Professor, der eine faire Einstellung zur Halbtagsstelle hat und nur zu einem Thema promovieren, das einen persönlich interessiert."

„Ich würde jedem Doktoranden der Rechtswissenschaften raten, die Arbeit zu Ende zu bringen, egal wie frustrierend diese Aufgabe gerade zum Ende hin (für wahrscheinlich jeden) wird. Je nach Thema würde ich immer empfehlen, mit denjenigen, die es sozusagen betrifft zu

sprechen, d. h. interdisziplinäre Bezüge herzustellen, mit Praktikern über die Bedeutung dessen in der Rechtswirklichkeit zu sprechen, worüber man gerade schreibt. Außerdem würde ich jedem raten, sich um ein Stipendium zu bewerben, da ein solches oft einfacher zu bekommen ist als man denkt und man die Freiheit und dadurch gewonnene Zeit auf jeden Fall braucht. Das Wichtigste ist, nicht mit Arbeit zu prokrastinieren. Im Idealfall sollte die Promotionszeit trotz aller Widrigkeiten eine spannende Reise sein, auf der man so viel wie möglich erleben sollte und nicht nur das Ergebnis zählt."

„Das Thema möglichst auf den späteren Berufswunsch „anpassen", damit man auch im Berufsleben noch von dem erworbenen Fachwissen profitieren kann."

„Für eine Karriere in der Justiz scheint mir eine Promotion nicht erforderlich oder gar hinderlich. Gerade als Berufsanfängerin macht es möglicherweise mehr Eindruck und es ist etwas leichter, sich Respekt zu verschaffen. Im Hinblick auf das berufliche Fortkommen ist die Zeit, die man später anfängt – gerade, wenn man auch eine Familie plant, Elternzeit nimmt, Teilzeit arbeiten will – eher hinderlich. Auf die Pension kann es auch negative Auswirkungen haben, wenn einem die entsprechenden Dienstjahre fehlen."

„Nichts, Ihr werdet euren eigenen Weg gehen (müssen)."

„Die finale Formatierung für den Verlag nicht selbst machen, sondern für ca. 500–700 € einem Lektor übertragen. Nervt nämlich wie Sau."

„Versucht alles (finanziell), damit ihr es am Stück fertig machen könnt. Kein Arbeiten nebenbei. Kein Ref. Kein Beruf! Wenn das nicht geht, bleibt an der Uni. Sucht euch ein Thema, was euch Spaß macht (ja genau. Spaß. Wenn man an Jura und Wissenschaft keinen Spaß hat, sollte man es gleich lassen). Bleibt standhaft. Nehmt euch genug Zeit. Ein Jahr reicht nicht! Macht die Literatur immer parallel. Alles andere ist die Hölle (hab ich durchgezogen und das hat sich gelohnt). Vergesst das Leben nicht: Wenn das Berufsleben erst angefangen hat, ist die schöne und unbeschwerte Zeit vorbei."

„Nach einer gewissen Zeit des „freien" Recherchierens, Lesens und Forschens sollten Sie sich auf eine oder zwei für Sie spannende Forschungsfragen konzentrieren und diese vertiefen. Beantworten Sie die Frage, warum diese Themen für Sie spannend sind und fangen Sie an, genau das aufzuschreiben. Nehmen Sie von Anfang an Doktorandenkolloquien teil und stellen Ihre Ergebnisse vor. Stehen Sie in möglichst engem Kontakt mit der betreuenden Lehrkraft und holen Sie sich so viel Feedback wie möglich schon während der Promotion."

„Die Bedeutung der Promotion (und des Titels) in der praktischen Berufsausübung nicht zu überschätzen aber zugleich den persönlichen Gewinn nicht zu unterschätzen: Die Promotion gibt einem die Möglichkeit, sich von hergebrachten Lehren und Denkmustern zu lösen und zu lernen, auf das selbst Erarbeitete vertrauen zu können.“

„Nur dann zu promovieren, wenn man wirklich bereit ist, einen erheblichen Zeitraum damit zu verbringen. Für den Richterberuf ist die Promotion ohne Bedeutung, also bringt sie keine beruflichen Vorteile. Dennoch ist es eine schöne Abwechslung nach dem Examensstress.“

„Geben Sie auch in Tiefphasen nicht auf. Bei mir folgte auf eine längere Zeit ohne messbaren Fortschritt (insbesondere dem Einlesen in die Grundlagen der Thematik) eine kürzere produktive Phase, in der die Arbeit fertiggestellt wurde.“

„Sie sollten ein klares Ziel vor Augen haben und sich auch durch Rückschläge und Phasen der Demotivation nicht entmutigen lassen. Denken Sie daran, dass schon viele Juristinnen und Juristen vor Ihnen irgendwann eine fertige Arbeit präsentieren konnten, warum sollte also Ihnen das nicht gelingen?“

„Wenn die Dissertation nach dem ersten Staatsexamen geschrieben wird, die Arbeit auf jeden Fall abschließen/einreichen, bevor das Referendariat beginnt. Ich habe diese mir selbst gesetzte Deadline streng eingehalten und bin sehr froh darüber, da zahlreiche Erfahrungen aus meinem Bekanntenkreis gezeigt haben, dass eine parallel zum Referendariat fortgesetzte Promotion entweder bis weit in den Berufseinstieg hinein mitgeschleift oder vollständig aufgegeben wurde.“

„Auf jeden Fall zielstrebig zu sein, das Thema genau abzustecken, um sich nicht in Nebensächlichkeiten zu verstricken und letztlich den Überblick zu verlieren, was im schlimmsten Fall zum Abbruch der Promotion führen kann, und sich konsequent der Fertigstellung der Promotion zu widmen.“

„Für Richterinnen und Richter ist die Promotion beruflich nicht karrierefördernd. Ich würde sogar sagen, sie ist wegen des damit verbundenen „Zeitverlustes“ hinderlich. Mit einem früheren Einstieg in die Justiz sind (in der Regel) beruflich größere Vorteile verbunden als mit einer Promotion. Wer eine Karriere in der Justiz anstrebt, sollte deswegen aus Liebe zur Erkenntnis promovieren.“

„Das Thema der Dissertation nicht nach strategischen Gesichtspunkten zu wählen, sondern nach inhaltlichem Interesse. Mir hat meine Doktorarbeit vom ersten bis zum letzten Tag Spaß gemacht!“

„Nicht zu lange konzipieren – einfach mal losschreiben und gegebenenfalls wieder verwerfen! Es ist bei dem meisten Themen (Ausnahmen bestätigen die Regel) illusorisch zu glauben, man könne die Arbeit „am Reißbrett“ entwerfen. Viele gute Ideen kommen erst beim Schreiben und entstehen aus der Arbeit im Detail.“

„Fokussiert arbeiten und das Werk so schnell wie möglich abschließen. Nicht über Jahre hinziehen und denken, das kann ich ja irgendwann neben dem Job noch fertig machen. Die meisten werden dann nie fertig ...“

„Mit einer interessanten Nebenbeschäftigung promovieren, die jedoch zeitlich klar eingrenzbar ist, so dass wöchentlich im Schnitt mindestens zwei Tage für die Promotion zur Verfügung stehen.“

„Interdisziplinär arbeiten, auf Kongresse gehen und offen sein für Themen abseits vom Wegesrand. Finanzierung sichern und klare Deadlines verabreden. Und ganz wichtig: Niemand will die zehnte Promotion über ein mietrechtliches Sonderthema im Spiegel der Rechtsprechung irgendeines Gerichtes lesen :-)“

„Sich sehr gut überlegen, warum man das eigentlich machen will, weil man in den langen Durststrecken des Schreibens an der Arbeit das immer wieder brauchen wird, immer wieder die eigene Gliederung in Frage stellen, andere Doktoranden derselben Fachrichtung zur Gründung einer Arbeitsgruppe „Dissertation“ suchen, deren Mitglieder gegenseitig Textentwürfe lesen und sehr kritisch bewerten.“

„Das Thema sollte nicht zu breit angelegt sein, auch wenn das zunächst interessanter zu sein scheint, wenn man im Wesentlichen den Titel will und nicht auf eine wissenschaftliche Laufbahn aus ist. Auf jeden Fall sollte man sich ein Doktorelternteil suchen, das auch eine gewisse Kontrolle ausübt, berät und für Gespräche zur Verfügung steht.“

„Eher ein engeres Thema wählen, da der Umfang von alleine wächst; Abgabeziel setzen.“

„Täglich an der Dissertation zu arbeiten, auch wenn es vielleicht nur zwei Stunden sind; ein Ende zu finden – eine Doktorarbeit ist kein Hexenwerk, es wird nichts Übermenschliches verlangt.“

„Lieber ein enges Thema, welches man ggf. noch erweitern kann, als ein zu weites Thema, in dem man sich verlieren kann.“

„Im Zweifel: Machen! Abbrechen kann man ja notfalls jederzeit.“

„Ein Jahr komplett für die Arbeit an der Dissertation zu reservieren. Nebenbei nicht am Lehrstuhl zu arbeiten, sondern lieber einen Nebenjob annehmen, der auf einem gänzlich anderen Gebiet liegt

(lieber Mc Donalds als Lehrstuhl). Nach der Arbeit am Lehrstuhl hatte ich oft mental keine Kraft mehr, um an der Dissertation weiterzuarbeiten.“

„Sich gut zu überlegen, ob und wofür man eine Promotion wirklich benötigt. Nirgends kann man so viel Geld (durch späteren Berufsstart und laufende Ausgaben) verlieren wie dort. Man kann allerdings auch viele interessante Einsichten in das Recht erwerben und seine juristischen Arbeitsmethoden und Argumentationsfähigkeiten schärfen.“

„Fragen Sie sich im Vorfeld ehrlich, ob Sie in der Lage sind – insbesondere bei gleichzeitiger Betrauung mit anderen Aufgaben, etwa am Lehrstuhl oder in einem „klassischen“ Job, langfristig mit hohem Einsatz Ihre Dissertation voranzutreiben bis ins Ziel. Zu viele brechen ab oder promovieren ewig vor sich hin – oft bis ihre Chancen am Arbeitsmarkt, ihre Fähigkeit zu praktischer Arbeit und manchmal auch ihre Psyche und ihr Selbstwertgefühl beim Teufel sind. Perfektionismus ist für eine saubere wissenschaftliche Arbeit nötig, aber dazu gehört trotzdem auch, das anfangs festgelegte zeitliche Ziel einzuhalten – komme, was wolle! Suchen Sie sich, falls Ihre Doktormutter bzw. Ihr Doktorvater Ihnen nicht die erforderliche Zeit und Aufmerksamkeit widmen, andere kompetente Berater. Das können auch Freunde sein – vorausgesetzt, dass sie gute Juristen und bereit sind, sich Ihren Fragen mit der notwendigen Tiefe zu widmen.“

„Stellen Sie hohe Ansprüche an sich selbst – es macht langfristig nicht glücklich, eine oberflächliche Arbeit abzuliefern, bloß eine oder mehrere alte Veröffentlichungen lieblos zu aktualisieren oder eine Arbeit zu schreiben, die bei ehrlicher Betrachtung niemand braucht.“

„Wer in den öffentlichen Dienst will, sollte auf die Promotion verzichten, weil ein früher Einstieg sich dort auszahlt.“

„Es auf jeden Fall zu wagen, am Ball zu bleiben, sich konsequent zu strukturieren (simpel, aber hilfreich: to-do-Liste mit klar umgrenzten Aufgaben für den nächsten Tag), sich Leidensgenossen suchen, jemanden mit und jemanden ohne Jurafachwissen für die Korrektur einspannen, es am Ende auch mal gut sein lassen und nicht jede kleinste Anregung was Wortwahl oder Ähnliches betrifft auf die Goldwaage legen, dennoch für berechtigte Kritik offen sein – letzten Endes: durchhalten!“

Stichwortverzeichnis

Die Zahlen verweisen auf Randnummern.